UNICORN GROWTH

引爆独角兽

如何让你的公司估值10亿美元

袁国宝◎著

中国经济出版社
CHINA ECONOMIC PUBLISHING HOUSE
北京

图书在版编目（CIP）数据

引爆独角兽：如何让你的公司估值10亿美元/袁国宝著.
北京：中国经济出版社，2017.6
ISBN 978-7-5136-4638-3

Ⅰ.①引… Ⅱ.①袁… Ⅲ.①企业管理 Ⅳ.①F272

中国版本图书馆CIP数据核字（2017）第049639号

责任编辑　牛慧珍
责任印制　马小宾
封面设计　久品轩

出版发行　中国经济出版社
印 刷 者　北京科信印刷有限公司
经 销 者　各地新华书店
开　　本　710mm×1000mm　1/16
印　　张　15.75
字　　数　182千字
版　　次　2017年6月第1版
印　　次　2017年6月第1次
定　　价　49.80元
广告经营许可证　京西工商广字第8179号

中国经济出版社 **网址** www.economyph.com **社址** 北京市西城区百万庄北街3号 **邮编** 100037

本版图书如存在印装质量问题，请与本社发行中心联系调换（联系电话：010-68330607）

前 言

preface

如今，我们正生活在一个价值被空前快速创造的时代。

以前，一个企业的成长历程总是漫长的，从创立品牌、组建团队、开拓市场到上市融资、实现规模的裂变，往往需要数十年甚至上百年的时间。而今天，一家企业成为“独角兽”甚至是“超级独角兽”的时间正在不断缩短，其相应的数量也在逐步增加。

因此，在“资本寒冬”一次次被提起的创业大环境下，创业者最需要考虑的问题之一，就是如何让自己的企业成为独角兽级别的企业。

2013 年 11 月，美国风险投资人 Aileen Lee 在其文章《欢迎加入独角兽俱乐部：从十亿级别公司身上学习创业》中，将估值超过 10 亿美元的创业公司称作“独角兽”。此后，“独角兽”一词便在风投界被广泛使用，对独角兽级别公司的追捧也越来越盛。

曾经，成为独角兽被创业者认为是遥不可及的梦想，但近几年，无论从全球范围还是中国来看，迈入独角兽行列的企业都是越来越多。因此，从这些已经成为独角兽的企业身上学习，就成为打造下一个独角兽的捷径。

分析国内外的独角兽企业，我们不难发现：与传统企业相比，独角兽级别的企业往往能够以一种全新的、更有效的方式进行扩展。

例如，美国科技企业Uber，采用共享经济模式，有效地将司机与乘客连接起来，并最大化地提升了出行资源的利用效率，获得了大量用户的青睐。与传统的交通出行方案相比，Uber采用的模式大幅度地降低了边际成本，因而能够更加快速地进行扩展。

再如，传统的快消品制造企业从诞生一个新产品的创意到进行批量生产、上市售卖需要300天左右的周期，而美国创意产品社会化电商Quirky运行完以上所有的环节需要的周期大致为29天。这是因为Quirky采用众包的方式，让社区参与创意提交、审核、开发、生产、销售等过程，因而大大提高了效率。虽然最终由于销售渠道等问题，Quirky宣告了破产，但其运作模式以及扩展方式仍然值得初创企业学习和借鉴。

当然，要成为一家独角兽企业需要一整套相应的机制。比如，树立一个具有变革意义的目标，组建一个优秀的创业团队，构建一个具有创新价值的商业模式，对销售渠道进行验证，等等。

进入移动互联网时代，在“大众创业，万众创新”理念的驱动下，独角兽已经成为投资界和创业领域不容忽视的概念，如何将稚嫩的初创企业打造成独角兽，也成为创业者倍加关注的问题。因此，对独角兽企业进行梳理和分析是非常有必要的。

本书分上、中、下三篇，分别以独角兽企业的特质、独角兽企业的孵化以及细分领域独角兽的打造为关键点讲述了初创企业到独角兽的进阶之路。

上篇不仅详细地阐述了独角兽的内涵、独角兽企业的级别、独角兽所具有的特质以及打造独角兽的具体步骤，而且以Evernote等曾经备受关注的独角兽企业为例，讲述了独角兽企业可能面临的危机。

中篇从“互联网+”时代下的产融结合模式入手，列出了巨头布局下的独角兽生态，解析了资本眼中的独角兽项目，为创业者打造独角兽开辟了一个新的视野，以便有方向性地在企业成长过程中获得融资、度过“资本寒冬”。

下篇以O2O、互联网金融、互联网教育等几个比较有代表性的垂直领域为例，阐述创业者该如何专注细分，打造垂直领域的独角兽。

值得一提的是，成为独角兽并非意味着永久的成功，独角兽公司的淘汰率极高，很多独角兽都倒在了成长的路上。但同样不可否认的是，那些成功打造出可持续盈利模式和商业形态的独角兽，常常会获得巨大的成就。即便一时遇到了估值下滑等困境，这类独角兽公司也能凭借强劲的核心业务成功“突围”，实现自我的跨越式成长。

目　录
contents

Part 1

独角兽

指数型企业的成长之路

第1章 独角兽战略：

打造互联网时代的估值神话

独角兽元年：资本视角下的独角兽

随着互联网的普及与发展、资本市场的繁荣与完善，各行各业都涌现出一批极具成长性的创新企业，并且在很短的时间内就取得了骄人的战绩，这些企业被称为“独角兽”。而在这个风云变幻、快速更迭的互联网时代，“独角兽”对于这些新创企业而言，既是一种莫大的荣耀，也在无形中面临着巨大的考验。

所谓“独角兽”，原本是一种神话中虚构的生物，代表着高贵、高傲和纯洁之意。因此，美国投资行业用“独角兽”来称呼那些在私募与公开市场的估值达到10亿美元以上的创业公司。通常情况下，独角兽公司都是其所属领域的先锋代表，或是短时间内获得快速增长的公司。

◆ 独角兽之年

进入2016年后，美国市场上新增的独角兽企业越来越多，业内人士普遍将2015年与2016年这两年视为“独角兽之年”。此外还需关注的一个问题是，不少在以往呈现良好发展势头的公司纷纷陷入困境。与之前相比，独角兽公司整体的估值下滑，部分独角兽公司在资金支持方面出现问题。受此影响，无论是投资人还是公司内部人员，都容易产生挫败感。

从这个角度来说，公司估值高也可能带来负面影响，如今的投资者更加谨慎，拥有发展潜力、高价值的企业更容易从中受益。原因在于，若投资门槛较低，即便公司没有多大的价值，也可能成功融资，争夺市场，加剧同类企业之间的竞争。相比之下，投资热度下降，竞争对手也会减少，真正优秀的企业则拥有更大的发展空间。

从目前的竞争形势来看，一家公司要成长为独角兽，并在所属领域占据主导地位，需要付出更多的努力。在传统模式下，新项目推出后的很长时间内可能都不会被别人效仿，但今时不同于往日，新项目推出后，其模式会迅速传播，被众多商家模仿，彼此之间开始争夺市场，展开竞争。

如此一来，企业需要更大的资本投入才有可能加入独角兽俱乐部。如同之前网络团购领域的“千团大战”，各企业为了维持自己的竞争地位，都着重吸引投资，用大规模资金进行推广，这给公司成为独角兽的发展道路上增添了更多的资本阻力。

从投资方的角度来分析，相比于“发现独角兽”的说法，用“培养独角兽”来形容要更加贴切一些。如今，具备一定规模基础的风投机构及私募股权投资机构往往都建立了完善的服务体系，为企业家解决法律、公关、内部控制、人才队伍建设等多方面问题，专业化的服务团队现如今已成为投资机构的标配。

从企业家的角度来分析，除了要注重创意本身，还需在人才吸纳、人力资源管理、产品研发、整体运营、服务体系完善等多个方面同时发力，这些环节共同构成企业的日常运作。只有运用正确、科学、全面的策略，才有可能培养出独角兽企业。

◆ 资本视角下的独角兽特征

现在我们来分析一下，投资人在判断某个企业是否具备成长为独角兽的潜力时，会着重分析企业的哪些特征呢？

图1－1 资本视角下的独角兽特征

1）领先的市场排名

通过该公司目前在市场上占据的地位来衡量其价值和发展潜力。公司不一定要居于首位，但最好位列前三，若跌出前三名，对投资人的吸引力就会比较低。

2）卓越的团队能力

若公司已经符合市场排名比较靠前的条件，接下来要关注的是企业是否拥有优秀的团队。公司从最初建立到后续的发展，需要经历漫长的过程，在此期间，不仅要提出好的创意、采用合适的模式，还需要企业团队持久、高效地运作。

因此，要关注团队成员的能力，尤其是在企业刚刚建立之时。市场是瞬息万变的，为了从容应对市场变化，企业团队不仅要抓住时机，还要具备良好的适应能力。

以美团为例，该公司在早期发展阶段的主导业务便是团购，而今其业务范围不断向外拓展，除团购之外，还有多种服务。优秀的企业团队，需要在短时间内掌握新的技能，迅速处理问题、优化企业管理，提高整体运营效率，独角兽企业的团队更是如此。

3）拥有绝对竞争优势

若企业缺乏绝对竞争优势，即便在现阶段的发展超出其他同类企业，随着时间的推移，也很可能处于被动地位。优秀的企业，不仅要拥有广阔的发展空间，还应具有绝对竞争优势，将其他同类企业都甩在身后。

绝对竞争优势可具体体现为不同方面，以平台型企业为例，在传统模式下，庞大的用户基础就是其绝对竞争优势，淘宝是这方面的典型代表。随着发展，绝对竞争优势还会表现在更多方面，如领先的技术优势正在成为众多企业的撒手锏，再如部分企业通过完善的服务在竞争中获胜等等。而随着时间的推移，国内企业会更加注重技术创新，并将其视为自身的绝对竞争优势。

从1.0到3.0：独角兽的进化之路

美国数据分析软件公司Spoke Intelligence与商业网站VB Profile在2016年联合发布了它们对全球独角兽公司的调查结果，其报告指出，全世界市场估值突破10亿美元、加入独角兽俱乐部的企业共有229家，在这些公司里，估值达100亿美元以上的有21家。我国有

33 家企业位列其中，主要分布在电子商务与互联网金融行业，其独角兽公司数量占总体的 2/5。

实际上，独角兽公司并没有非常精准的界定，那些估值超过 10 亿美元的互联网公司及科技类企业都被列入独角兽的范围。不过，在更多情况下，独角兽是在短时间内获得大幅增长的初创企业的代称。从商业模式的特点及运营的基本逻辑层面来看，独角兽企业可以被划分为三个级别。

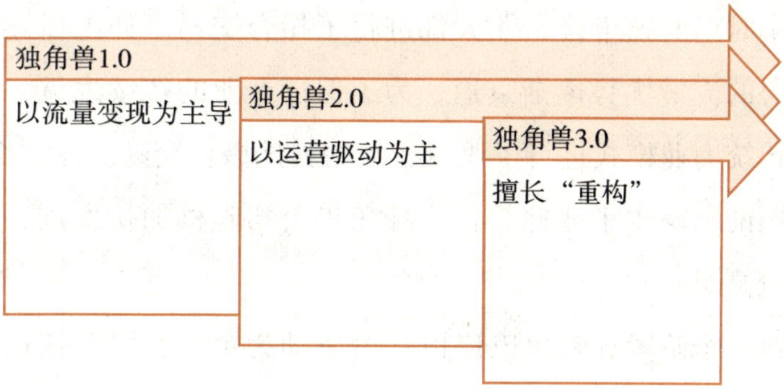

图 1－2　独角兽企业的 3 个级别

◆ 独角兽 1.0：以流量变现为主导

第一代独角兽公司在运营过程中以流量变现为主导。在这个阶段，国内典型的独角兽公司有：BAT（百度、阿里巴巴和腾讯）、京东、网易与盛大，这些企业都熟练掌握了流量运营之道。

其中，多数公司通过电商平台的运营、游戏的推出以及广告发布实现盈利。例如，阿里巴巴与百度的大部分营收都来源于广告，盛大、网易与腾讯的营收中，占据主导地位的是游戏，京东则主要来源于电商平台的运营。

有些人误以为独角兽公司的发展并不涉及商业模式的应用，其实，这种观点是完全错误的，因为独角兽公司比其他类型的企业更懂得如何发挥商业模式的推动作用。但随着发展，互联网流量的获取成本一路攀升，流量变现的吸引力会逐渐降低。

◆ 独角兽2.0：以运营驱动为主，需要强大的资金支持

之后便进入了下一个阶段，第二代独角兽企业应运而生，这些企业的共性特征在于都采用了并购模式。国内具有代表性的有滴滴出行、美团、58 同城等。

这个时期的独角兽企业大都进行了撮合交易。如上所述，第一代独角兽的流量优势逐渐衰退，为了保证企业的持续发展，很多公司都对传统商业模式进行了改革，开始尝试撮合交易。在这个时期，世界各国的利率水平普遍较低，独角兽公司趁机加快发展，成本消耗也比较高。

在第一个阶段，阿里巴巴以平台驱动为主，着眼于长远发展角度，腾讯以运营驱动为主，与多个企业达成合作关系，百度则侧重于技术驱动。在第二阶段，大部分独角兽公司因涉及撮合交易，以运营驱动为主，这些企业都拥有大规模的员工队伍，以高效执行著称，并以雄厚的资金实力为支撑。

我国第二代独角兽公司的独特之处在于，企业在上市之前，就完成了合并。与第一代独角兽相比，第二代的商业模式并没有明显优势，需在用户补贴环节投入大量资本，而这种方式并不能有效提高用户黏度。入驻公司平台的商家缺乏付费能力，实力型企业和专业企业在市场上占据主导地位。在这个时期，独角兽公司涉及的交易撮合，满足以长尾需求为主，但其最终实现的价值仍十分有限。

举例来说，如今的用户可能会通过大众点评了解某个餐馆的信息前去光顾体验，也可能在朋友圈看到某则信息后产生消费欲望。

第一代独角兽的入口往往只有一个，不同的是，第二代独角兽的入口则具有多样化特点，流量比较分散。即便投入大量资本也难以实现流量集中，不能建立起完整的商业体系，最终导致很多 O2O 公司退出市场。

分析一下美国独角兽公司的发展状况。Facebook、亚马逊与谷歌是第一代独角兽的代表。美国的第二代独角兽是 Uber、Airbnb，这两个平台都以运营驱动为主，除此之外，还采用垂直驱动模式。尽管 Uber 与 Airbnb 也在开展撮合交易，但它们也同时聚焦于垂直细分领域的开拓。例如，Airbnb 为用户装修提供帮助，进行大规模营销，更让民宿居住和旅行成为众多用户的向往，从中可以看出第三代独角兽的影子。随着互联网的持续发展，比第二代独角兽更具优势的第三代独角兽正蠢蠢欲动。

◆ 独角兽 3.0：擅长“重构”，具有一定的孵化能力

第三代独角兽以“重构”为显著特征。一方面，第三代独角兽公司不仅停留在撮合交易层面，而是对传统行业模式进行了颠覆。真正能够被列为第三代独角兽的公司是特斯拉，该企业立足于行业基础，在产品设计及研发方面进行了颠覆性创新。另一方面，第三代独角兽公司通过推出智能硬件产品，为传统行业的发展注入了新的活力。此外，这类企业推出的方案模式，能够在诸多领域实施，无须限制在特定行业中。

第三代独角兽具备更高的科技化和智能化水平，无须大规模的资金支撑，对人力资源的需求量也大大减少，采用现代化的操作体系，改善企业的整体服务，改变传统的架构模式，突出企业的优势方面，并使其符合互联网发展的主流趋势，推动传统企业的发展。

根据 AileenLee 的统计结果，自 2003 年开始的 10 年内，共产生

了约40家独角兽公司。第三代独角兽企业还具有一定的孵化能力，能够为其他公司的发展提供多种支持，催生出更多的独角兽公司。在互联网经济快速发展的今天，市场竞争日趋激烈，公司为了维持自身的竞争地位，纷纷发挥优势，壮大实力，独角兽公司由此产生。

从空间、时间、行业看独角兽分布

尽管许多极具颠覆性的新创公司不断受到资本市场的追捧，但就全球范围而言，能达到10亿美元估值的独角兽企业依然比较罕见。由于数据来源的有限性和偏差性，不同数据库对独角兽公司的判定有所差异。

例如，截至2016年6月底，《华尔街日报》列出的独角兽公司有148家；但风投数据公司 CB Insights 最新的独角兽公司列表中却纳入了169家企业；而作为美国互联网产业风向标、为 VC 和行业投资者的投资行为提供内容参考的科技类博客 TechCrunch，则列出了168家独角兽公司。以蚂蚁金服为例，在2016年4月完成B轮45亿美元融资、估值达到600亿美元后，被 TechCrunch 排在了独角兽公司列表中的第二位，却并没有被上述另外两个数据库纳入独角兽公司列表。

下面主要以风投数据公司 CB Insights 的数据为参考，从空间、时间与行业分布三个维度对全球独角兽公司的发展情况进行初步探索。

◆ 空间分布

主要关注创新公司的科技博客网站 Venture Beat 在2016年1月发布的独角兽公司列表中，收录了229个独角兽公司。其中，大约

44% 的公司总部设在了加利福尼亚州，而位于中、美两国的独角兽企业在列表中的占比超过了 75%。

CB Insights 最新发布的数据虽然少了 60 家公司，但在独角兽公司的空间分布上却与 VentureBeat 数据表现出来的特征一致：总部在美国和中国的独角兽公司分别为 96 家和 33 家，占比高达 76.33%；其中美国所拥有的独角兽公司又占据了全球的一半多，为 56.80%；而全球其他地区，除英国和印度各有 7 家以外，其余国家的独角兽企业均不到 5 家。

◆ 时间分布

在时间轴上，从 2014 年开始全球独角兽公司呈现爆炸式增长，2014 年一年新出现的独角兽公司数量甚至比之前所有年份的总和还要多；2015 年延续了独角兽公司的火爆增长态势，全年新涌现的独角兽企业也超过了之前独角兽公司的总数量。

不过，2016 年独角兽公司这种疯狂增长的态势有所收敛。如果 2016 年下半年独角兽公司的增长规模与 2016 年上半年保持一致，那么按照上半年的数据推算，2016 年独角兽公司的增长数量将只有 2015 年的五成，甚至少于 2014 年新增加的独角兽公司数量。

若将空间维度与时间维度结合起来分析，则可以看出：2014 年全球各个地区的独角兽企业数量都呈现出大规模增长；而到了 2015 年，虽然世界其他地区新增加的独角兽企业也比 2014 年略高，但中、美两国独角兽企业的大规模爆发才是 2015 年出现“独角兽狂欢”的最重要推力。

同样，中美两国特别是美国新增独角兽企业的大幅缩减也是造成 2016 年独角兽企业增速暴跌的主要原因。根据现有数据，2016 年美国独角兽企业的增加数量将远少于 2014 年，甚至接近了独角兽企业爆发之前2013年的水平；而我国独角兽企业增加的数量虽然也有所减少，但仍保持在一个较为可观的水平上，新增独角兽企业数量依然超过了2014年。

VentureBeat发布的数据显示，大约50%的独角兽公司是在成立6年之后发展为独角兽的，而大约3/4的独角兽公司是在成立后9年内成长为独角兽。据此推算，2014—2016年新增的独角兽公司，大部分都成立于2007—2010年。

不过，若对不同年份出现的独角兽公司成立时间的分布情况进行深度分析，则可以发现一些不同的特点。以2012—2015年新出现的独角兽公司为例，通过对这些独角兽公司成立年份分布状况的梳理，可以得出以下两点：

1）2014年之前每年新诞生的独角兽企业少于20家，且企业的成立时间与能否成长为独角兽企业并无显著关联。在每年新增的独角兽中，成立时间短的企业数量只是略多于成立时间较长的“老”企业。

2）独角兽企业在2014年和2015年呈现爆炸式增长，在新涌现的独角兽企业中，多数都是在3~8年内成立的，而那些成立超过10年的企业，常常很难成长为独角兽。同时，独角兽企业的“疯狂”增长又带动了更多初创企业在短时间内发展为独角兽。如出现了更多成立时间不超过2年的独角兽企业，甚至在2015年首次出现了成立不足1年的独角兽企业。

◆ 行业分布

在行业分布上，整体来看独角兽企业的行业十分分散，涉及面广：只有电子商务、网络软件和服务以及金融行业三个领域的占比超过了10%，而广告、教育、娱乐、航空、能源、媒体、房地产、移动软件服务等领域的比例均没有超过 3%。

若从时间维度对 2012—2015 年独角兽企业的行业分布进行具体分析，可以看出：

2012 年，新增的独角兽企业多数集中在互联网领域，如占比接近一半的电子商务，以及互联网软件服务、网络安全等。不过，由于此时独角兽企业的总数较少，因此某个行业即便只有一家独角兽企业，在行业分布中的占比也能达到 7%。

2013 年，互联网软件服务行业发展火爆，占了新增独角兽企业的近 1/3，而电子商务领域新增的独角兽企业占比仅为 6%。另外，随着互联网对其他行业的渗透、融合与颠覆，以全球 P2P 龙头 Lending Club 为代表的 Fintech（金融科技，相当于我国的互联网金融）独角兽企业增长明显，占比达 12%；大数据类独角兽发展迅猛，比例接近 25%；同时，以 Uber 为代表的共享经济类（On - demand）独角兽也逐渐展现出强劲的发展势头。

2014 年，独角兽企业的爆发式增长使各个行业呈现出“百花齐放”的态势：传统的电子商务、互联网软件及服务领域占比均超过了 15%，而健康医疗（healthcare）、移动软件及服务等新出现的行业占比也超过了 5%；同时，2013 年出现的互联网金融、大数据、共享经济等拥有创新性商业模式的领域继续保持了强劲的发展态势，新增独角兽企业的占比分别为 9%、12% 和 8%。

2015 年，独角兽企业延续了上一年的强劲增长，不过行业分布有了较大变化：传统电子商务和互联网软件及服务领域重新崛起，新增独角兽企业的占比分别达到 25% 和 20%；互联网金融和医疗健康行业继续保持着良好的发展态势，拥有的独角兽企业比例分别为 16% 和 9%；共享经济和大数据类企业没能继续前两年的抢眼表现，新增独角兽数量仅占3%；不过，新增独角兽中首次出现了教育类企业，且占比达到了2%。

估值 PK：中美如何对独角兽估值

作为世界两大独角兽企业集中出现的国家，对中、美两国独角兽估值结构进行比较，有助于进一步明确当前独角兽发展的整体态势。

首先从平均值与中位数（以 billion 为单位）两方面比较全球各地区独角兽企业的最新估值：中国独角兽企业的平均估值分别达到了美国及全球其他地区的 1.5 倍和 2.2 倍，但中国独角兽企业估值的中位数却仅为上述两方的 2/3 和 83%。

数据越呈正态分布平均值与中位值就越接近，因此平均值与中位值的巨大差异表明中国独角兽企业的估值数据分布十分不对称。中国独角兽企业估值的平均值远大于美国独角兽企业，而中位数又远小于美国独角兽企业，一个可能的情况是：中国拥有一家巨型独角兽企业，其超高的估值抬升了整体均值。然而这一假设并不成立，因为根据最新的估值排行榜，估值前十位的独角兽企业中美国占了 5 家，而中国只有 4 家，且估值最高的也是美国的 Uber。

若是将独角兽企业按照估值分为低（1 - 1.5B）、中（1.5 - 10B）、高（大于 10B）三类，可以看出：属于前两类的中国独角兽企业在绝对数目上是最少的，而估值超过 100 亿美元的独角兽企业数量却远超其他地区，与美国的差距也很小；同时，从比例上看，由于中国独角兽企业总数仅为美国的 1/3 多一点，因此高估值类独角兽的占比要远高于美国。

从低、中、高三类独角兽企业的比例可以更清楚地解释中国独角兽企业估值中平均值与中位数表现出来的差异：相对于美国和世界其他地区，中国独角兽企业多分布在入门级别的低估值和“霸王龙”级别的高估值两类，较高比例的高估值独角兽极大抬升了中国独角兽企业的平均估值，因此会远超过美国独角兽企业的均值；不过，由于低估值独角兽企业的占比超过了 50%，又使得中国独角兽企业估值的中位数远远小于美国甚至其他地区。

造成这一现象的原因可能是：我国巨大的市场发展空间为独角兽企业的快速成长提供了十分有利的环境，使它们比较容易成长为估值过百亿美元的超级独角兽；同时，随着独角兽概念在国内的兴起和备受青睐，很多估值接近 10 亿美元的企业都会尽力跨入这一门槛，让自己成为独角兽俱乐部的一员。因此，相对于其他地区，我国高、低两种类别的独角兽企业占比很高。

而结合对独角兽公司的三维分析可以得出：

1）中美两国特别是美国拥有大多数独角兽企业。由于独角兽公司与互联网经济密切相关，这在某种程度上表明互联网时代的世界经济将呈现出中美两强争霸的格局；而在全球经济中占有重要地位的欧洲地区，在互联网经济方面显然表现得不尽如人意，没能拥有与其当前经济地位匹配的独角兽数量。

2）在时间维度上，若 2014 年是世界范围内独角兽企业的“全面开花”，那么 2015 年独角兽的“爆炸式增长”则主要得益于中美两国的发力；同样，也正是由于中美两国独角兽增长的放缓，使 2016 年新增的独角兽企业数量大幅减少。此外，绝大多数独角兽企业都属于互联网经济范畴，是在互联网领域极具影响力的明星和标杆企业，因此这些独角兽企业在某种程度上也反映了互联网企业的整体发展态势。从独角兽发展的时间维度上可以看出，全球互联网行业的发展与中美两国的经济发展密切相关，且对全球互联网经济的影响力超过了两国 GDP 在全球经济中的比重。

3）在行业分布上，一方面是“百花齐放”，独角兽企业涉及的行业十分广泛；另一方面又是高度集中，即除了电子商务、互联网软件及服务和互联网金融，其他单个行业的独角兽企业占比都没有超过 10%。2014 年独角兽企业的爆炸式增长，极大地拓展了独角兽企业的行业覆盖范围；大数据、互联网金融、医疗健康、共享经济等迅速蹿红的行业在近几年涌现出很多新的独角兽企业，展现出了强劲的发展态势。不过需要注意的是，这些行业中新增的独角兽企业大多已成长了 3 ~8 年，且它们估值的暴涨与媒体的热炒也有很大的关系。

未来哪些领域将诞生新的独角兽

在未来的发展中，哪几个领域可能诞生独角兽，或产生独角兽的概率更大一些呢？在笔者看来，独角兽可能来源于任何一个领域，重要的是分析角度。规模庞大的国内市场包含众多细分领域，这些领域都有可能诞生独角兽企业。

在选择切入行业时，还要对行业发展的持续性进行判断，因为市场并非是一成不变的，有些行业虽然在现阶段发展得如火如荼，但有可能持续不了多长时间，所以，应该选择那些拥有长远发展空间的行业。

◆ 消费能力的提高创造发展空间

近几年，国内生产总值的增长速度逐渐下降，但从每年的消费数据来分析，我国的消费能力仍然在不断提升。具体表现为：艺术类、内容版权、文化类产品的经济价值不断提高，体育健身类产品深受用户欢迎，这些类型的产品和服务比以往更能刺激人们的消费需求。

与此同时，人们越来越向往高质量的生活。举例来说，更多的人参加马拉松等全民体育赛事；新电影上映，电影院也经常满座，品牌经营更注重突出其个性化特点；网红经济迅速崛起等。消费能力的提高，拓展了商家的发展空间，投资者也能够从中获益。

◆ 互联网在多个领域的渗透

“互联网+”计划的深度开展，带动了许多传统行业的发展，如金融行业、医疗行业、传统教育行业通过与互联网结合，创新了服务方式，提高了用户黏度。

举例来说，VIPKID从事少儿英语教育，该公司作为一个一对一在线英语学习平台，其师资力量由美国与加拿大的外教组成，他们通过肢体语言与孩子进行沟通交流，形式生动，能够提高孩子的学习兴趣和效率。与传统模式相比，该公司通过与互联网的结合，大大提高了用户续费率，在此基础上，公司在短时间内获得大幅提升，在6个月的时间内就将其销售额提高至原本的17倍。

再来分析一下销售管理工具“纷享逍客”，该应用结合云计算与SaaS，既能优化团队管理，又能节省成本消耗。因此，在企业管理中，无论是客户关系、办公自动化还是人力资源管理，都能借助互联网的优势，进行系统优化。

◆ 技术创新带来更多的发展机会

2006—2016年，商业模式的创新在国内占据主导地位，如今的创新则不同于以往，很多初创企业聚焦于技术型创新。在今后的发展中，最具潜力的技术创新行业有：健康医疗行业、信息技术行业、能源环保与新材料技术行业等。

例如，在医疗健康行业，基因检测和精准医疗吸引了众多投资者的目光。

在信息技术领域，包括硬件产品、软件应用、智能芯片、数据存储以及虚拟现实、增强现实及相关的产品，还有人工智能等多项技术都在快速发展中。拥有良好发展前景的有：传感技术、人工智能技术等，无人驾驶、智能机器人产品的研发需要用到此类技术。

在能源环保领域，多数企业在传统模式下都存在投资回报率低、见效慢、资产消耗大的问题，如今，部分相关项目通过技术创新，已经改变了原有的面貌，也获得了投资者的青睐。

上述行业在未来发展过程中都有可能诞生独角兽企业，投资者也会对他们看好的企业给予资金支持。对于初创企业来说，可以选择这些领域切入，充分发挥科技创新的推动作用，不断壮大自身力量，向独角兽公司的方向努力。

启示：独角兽崛起背后的创业逻辑

近几年，企业管理以及投资领域经常提到的一个词就是“独角兽”。“独角兽”这一概念来源于美国硅谷，是指估值超过10亿美元的初创企业。而在“大众创业，万众创新”理念的驱动下，近两年国内迈入独角兽行业的企业越来越多。那么，为何会有如此之多的独角兽级别的创业企业出现，其大批崛起的背后又意味着什么呢？

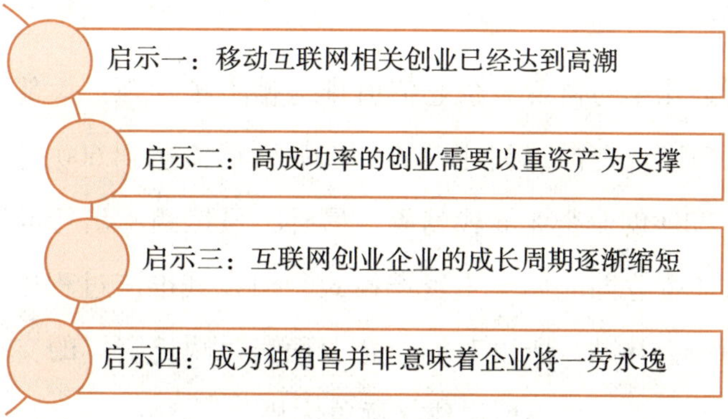

图 1－3　独角兽崛起背后的启示

◆ 启示一：移动互联网相关创业已经达到高潮

移动互联网时代的到来，催生了大批相关创业项目的诞生，这些企业均是抓住了移动互联网时代用户的需求，并在较短时间内就获得了比较快速的发展。

综观这些创业公司，虽然多数并没有启动上市计划，但用户规模却均已十分庞大，并且完成了多轮融资。而此时，对能够经过大浪淘沙获得良好市场前景的这些创业企业而言，估值超过 10 亿美元并非难事，这其中的典型代表，如高科技轻时尚互联网公司蘑菇街、国内最大的女性快时尚电子商务平台美丽说、累计激活用户数接近 5 亿的信息发布平台今日头条。

另外，爱奇艺、滴滴出行、合并后的美团和大众点评等，估值不仅超过了 10 亿美元，甚至已经达到了数十亿甚至百亿美元，已经或即将迈入“超级独角兽”的行列。

从 2011 年开始，这些移动互联网公司应运而生，经过几年的摸索和耕耘，已经取得了不错的成果，有的已经上市，有的即将上市，有的准备登陆新三板。而一批独角兽级别企业的扎堆出现，也说明移动互联网相关创业已经达到高潮。

◆ 启示二：高成功率的创业需要以重资产为支撑

分析近几年的独角兽企业估值排行榜不难发现：大部分独角兽企业均采用了重资产的创业模式。例如，估值达到 600 亿美元的蚂蚁金服，O2O 创业企业 e 代驾等。另外，虽然滴滴出行等采用共享经济模式的企业并非属于重资产模式，但在其推广过程中，仍然需要大量的资金补贴。所以对创业企业而言，缺乏资本的支持难以获得比较快的成长，更不用说建立竞争优势。

移动互联网时代的创业环境，决定了创业项目需要资本的助力。目前，就线上而言，以百度、腾讯、阿里巴巴等为代表的互联网巨头几乎均已瓜分完毕，创业企业要想突围只能另辟蹊径，做打通线上与线下的垂直服务，而这样的创业项目在线下推广、培养用户习惯的阶段必然需要巨额的资金支持。实际上，目前国内移动互联网 O2O 领域的成功创业企业估值不仅已经达到 10 亿美元，甚至超过百亿美元的也有多个代表。

另外，在重度垂直、智能硬件以及虚拟现实等领域，创业项目对资金的要求更高，单轮融资往往就能够达到上亿美元，因此，这些企业也比较容易迈入独角兽阵营当中。

◆ 启示三：互联网创业企业的成长周期逐渐缩短

进入互联网时代，尤其是移动互联网时代之后，行业的发展速度可谓“一日千里”，有可能一家名不见经传的小公司短短几年就获得了高速发展，并改变了我们的生活方式，如饿了么、滴滴出行。因此，为了追逐行业的热点和趋势，资本机构对互联网创业企业的投资周期大大缩短，往往一家企业在一年内就能够获得两轮甚至两轮以上的投资。

而移动互联网时代的创业环境也决定了企业要抢占市场份额就需要充足的资金支持，因此企业融资的速度也在加快。有时，一家初创企业刚获得了一批融资，就已经在筹备下一轮的融资计划了。在高融资的推动下，企业的成长周期也就会大大缩短。

根据相关的调查数据，在2010年之前，独角兽企业出现的频率仍然比较低；而近几年这一频率已经有了非常快的提升，尤其是中国，作为独角兽企业比较集中的地区，其孕育独角兽的速度更是令人惊讶。

◆ 启示四：成为独角兽并非意味着企业将一劳永逸

成为独角兽，虽然是很多初创企业及其投资机构奋力追求的目标，但独角兽仅仅是一个概念，代表的仅是企业目前的估值水平，并非意味着企业的未来就是一片光明。

当然，被戴上“独角兽”桂冠的企业会更容易获得投融资机构的青睐，也更容易在与同行的竞争中取得优势，但独角兽企业也会有衰落的风险。通过分析中外独角兽企业的相关报告不难发现：成为独角兽后发展放缓甚至难以为继的也不乏少数。

不过，总的来看，在创业大潮中，能够生存下来，并估值达到或超过10亿美元的企业毕竟是少数，这也反映了它们创业的阶段成功，而对其他的创业企业而言，从成功的独角兽企业身上，也更易发现让初创企业成为独角兽的秘密。

第2章 颠覆的力量：新创企业持续增长的内在逻辑

深度剖析独角兽企业的五大特质

“独角兽”这个概念最初是由美国知名投资机构 Cowboy Venture 的投资人 Aileen Lee 提出的，特指估值超过10亿美元的创业公司。统计结果显示，到2016年2月，在世界独角兽俱乐部中，估值排名前十位的企业有：Uber、小米、Airbnb、Palantir、新美大、Snapchat、滴滴快的、Flipkart 和 SpaceX。据《华尔街日报》公布的全球独角兽公司名单显示，到2016年2月，全球范围内上榜的企业达146家。

近年来，众多研究者对独角兽公司进行了深度剖析，许多商业媒体也展开了详细报道。值得关注的是，不少研究人员都着重分析了以下两个方面：被称为“独角兽”的企业本身的价值与其估值是否相符？这些企业没有上市的原因是什么？然而，若仅停留于为独角兽公司取得的显著成绩而欣喜，或深入追究这些公司的估值问题，可能会导致对其关键性问题视而不见，即独角兽公司的估值为何会达到如此高的水平？

从企业的发展历程来分析，推动独角兽公司估值上升的原因是，企业在短时间内获得大幅增长。公司所属领域的快速发展也带动了独角兽公司的增长。

以 Uber 为例，自 2009 年创立以来，公司已经在世界上 400 多个城市开拓了市场，其用户规模达 900 万人，一天之内提供的搭乘服务在 100 万次以上，来源于用户支出的日营收规模已经突破 10 亿美元。

美国著名照片分享应用 Snapchat 于 2011 年 9 月正式上线，到 2016 年，其估值达到 160 亿美元，活跃用户规模约为 1 亿人，在一天之内传递的截图数量在 4 亿张以上。

Airbnb 也是一个具有代表性的例子，该公司成立于 2008 年 8 月，到 2016 年 9 月，其估值达到 300 亿美元，自 2012 年以来，其用户规模呈几何上升趋势。

美国知名生鲜电商 Hello Fresh 也在短时间内实现了大幅增长，2012 年，公司营收规模还只有 300 万美元，仅用了三年的时间，就上涨到 29700 万美元。

在对上百家独角兽公司进行总体研究后，能够总结出如下五个方面的特征，绝大多数独角兽公司都具备以下特点，这也是这些企业能够取得骄人业绩的重要原因。

◆ 体型相对较小

以 Uber 为例，直到 2014 年，该公司的总体员工数量也没有超过 500 人，到 2016 年，公司在全球拥有 3000 多名员工。另外，大数据公司 Palantir 自 2004 年开始运作，主要从事数据统计及分析服务。如今，公司估值达到 200 亿美元，其员工数量接近 1500 人。到 2012

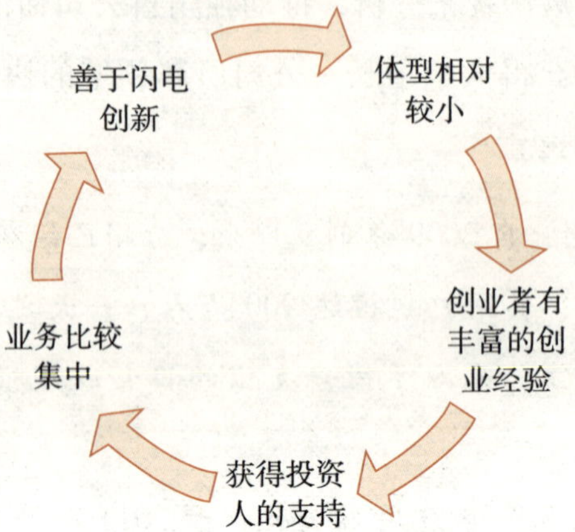

图 2－1　独角兽企业的五大特质

年 12 月，公司的用户规模为 4000 万人，而其员工数量仅为 100 名，从每个员工负责的用户数量来看，其他任何一个社交媒体平台都无法与 Palantir 比肩。

由于体型较小，企业在发展过程中的大多数战略决策都掌握在高级管理层人员手中，因为内部人员没有严格的等级区分，决策出台后，能够迅速付诸实践，大大提高了公司的决策效率和总体的执行效率，加速了企业运转。

◆ 创业者有丰富的创业经验

独角兽公司的领导人往往拥有丰富的创业经验，在创办该公司之前，他们已经经历了多次失败的创业。

在这方面具有代表性的是照片分享应用 Snapchat 的创始人 Bobby Murphy 与 Evan Spiegel，两人在斯坦福大学就读期间，就尝试开展一些项目的运营，影响力较大的是 Future Freshman 平台的创建，该网站以学生为主导用户群体。两人在校期间运营的项目达 30 多个，但都没有获得成功，后来，他们共同推出一款手机应用，名为Picaboo，这便是早期的Snapchat。

另外，美国知名O2O社区公司Instacart的创始人Apoorva Mehta，在成功之前也曾探索过大约20个商业模式，之后才找到了正确的方向。

正是因为大部分独角兽公司的创始人都经历过多次失败，才使他们在后续职业生涯中形成了一种价值理念，并将其融入公司文化中，在内部人员推出新想法后，对其可行性进行分析，在最短时间内找出实施过程中可能遇到的阻力。

◆ 获得投资人的支持

2015年，美团网与大众点评合并，作为一家互联网企业，该公司主要提供订餐、电影票预订等生活服务，到2016年，公司估值达180亿美元。2016年1月，美团点评完成首轮融资，融资额超33亿元，创下中国互联网私募融资单笔的最高纪录。另外，Flipkart作为印度第一大电子商务零售商，到2016年的融资规模已达30亿美元。

调查发现，大部分独角兽公司的股东群体都有风投公司的参与，这无疑使公司在发展过程中面临着更大挑战，公司为了收回股权，还要采取一系列措施。相比之下，以上市公司为代表的其他结构类型的企业，很难在短时间内进行创新并完成产品的市场化运作。

◆ 业务比较集中

“空中食宿”Airbnb的主导业务是为有空房出租的房主与旅游者之间搭建信息交流平台，提供住宿信息服务。而大数据公司Palantir的运营围绕特定的应用软件展开，利用软件进行数据统计与分析，对信息资源进行深度挖掘，为其他公司提供相应的数据服务。这样的业务模式比较集中，可以采用统一的战略，能够有效避免企业管理层因注意力不集中而影响企业的整体运营效果。

另一方面，数字技术也是推动独角兽公司发展的关键性因素。在进行市场开拓的过程中，公司利用数字平台与社交网络与用户进行沟通互动，提高用户参与度。从商业化与营销的角度来分析，相较于之前的商品或服务提供，数字技术的应用能够降低成本消耗，在短时间内达到理想的传播效果。

◆ 善于闪电创新

“闪电创新”能够确切描述独角兽公司的创新速度之快。以苹果、微软为代表的实力型企业都曾通过这种方式获得迅速发展。相比于传统模式，闪电创新能够在更短时间内见到成效，市场定位更加清晰，大大降低了发生风险的概率，还能集中于当前的业务模式，保证前后战略的一致性，推出更加优质的产品与服务。

为了充分发挥企业的创新能力，要对企业的传统业务模式与价值理念进行改革与升级。部分实力型公司为了加速发展，如谷歌对公司的组织架构进行重组，并于2015年成立母公司Alphabet，谷歌则成为全资子公司，比传统模式更加精简。为了在短时间内获得增长，企业必须缩短失败周期，谷歌通过企业重组拆分成不同类型的独角兽，这种架构方式或许能为其他同类型企业的发展带来有益的启示。

综上所述，独角兽公司具有如下特征：领导人拥有丰富的创业经历；公司的业务运营较为集中，通过数字平台或相关软件的应用展开业务模式，这种方式不仅能够快速扩散，还能节省投资；一般情况下，公司的员工规模比较小；能够获得投资者的支持，成功融资；企业在原有基础上更倾向于选择实现更大规模的融资。

另外，独角兽公司的价值理念制定、激励政策的出台都是为了推动创新。这些公司在运营过程中不断完善其内部体系，在实现产品创新后，迅速进行市场化运作，在这个过程中也伴随着很多失败。从另一个角度来分析，随着运作周期的缩短，无论是投资者还是企业家，都能够在同等的时间内积累更多的商业经验，最终探索出正确的道路。

独角兽企业具备哪些内在 DNA

如今，包括百姓网、大众点评网、饿了么、沪江网等在内的诸多国内互联网相关公司的估值都已经超过了 10 亿美元。有些公司虽然发展的时间并不长，但已具备独角兽公司的标准要求，成为所属领域的佼佼者。这不仅是因为这些公司拥有明显的竞争优势，还因为企业本身就具备成长为独角兽的基因，所以，吸引了投资者与互联网巨头的注目，得到了大规模的资金支持。

在这里，我们来分析一下，企业应具备怎样的 DNA 才有可能成长为独角兽？

◆ 有效推测市场需求的未来发展趋势

从长远发展角度来说，任何一个企业的发展，都要与时代需求特征相符，才能取得一番成就。

WiFi 万能钥匙在 2015 年 6 月成功融资，认购额超 77 亿元，认缴额 6500 万元，成为中国最大的股权众筹项目，这足以证明投资者对其抱有的信心。

近年来，智能手机等终端应用不断普及，国内移动网民的规模不断壮大，用户对无线网的依赖也越来越强，对众多用户而言，WiFi 已成为其日常生活中不可缺少的一部分。WiFi 万能钥匙在抓住用户需求的基础上，上线新产品，方便用户自动连接附近开放的无线网。用这种运营方式将免费流量牢牢把握在手中，到 2016 年 6 月，WiFi 万能钥匙全球用户总量已突破 9 亿，月活跃用户数达 5.2 亿。

知名分类信息平台百姓网，自创办以来聚焦于二手物品交易、二手车买卖、房屋租售、招聘、求职、交友活动等各类信息服务，到 2015 年 2 月，网站的月活跃用户突破 1 亿。进入 2015 年后，百姓网根据自身对市场发展方向的预测，又加大了对二手车市场的投资力度。

中国汽车流通协会的调查结果显示，2014 年二手车交易规模达 605.29 万辆，比上一年增加了 16.33%，相比之下，新车销售规模增加得要慢一些，还不到 7%；2015 年，二手车交易的规模达 960 万辆，逐年递增。无论是用户基础还是信息资源的丰富程度，百姓网在二手车领域的地位都比较领先，自然要利用自身的优势力量进一步开拓二手车市场。

除上述两个例子之外，在生活服务平台中还有一个典型代表，就是“饿了么”。该平台未上线时，用户与餐饮商家之间缺乏有效的信息连接，很多用户在餐饮类型与就餐地点上无从选择。饿了么抓住用户的刚性需求，到 2015 年底，日交易额超过 1 亿元。相关调查报告显示，中国的快餐和外卖市场规模在 2017 年可能将达到 1.8 万亿元，外卖领域仍然拥有巨大的开发潜力。

◆ 在细分领域进行深度挖掘

上述独角兽企业的共性在于，在细分领域进行深度挖掘，最终成为该领域的先锋代表。

以大众点评网为例，到2015年3月，大众点评网完成8.5亿美元的融资，其整体融资可达40.5亿美元。该公司自早期发展阶段就以线下运营为主导，尽管当时还处在传统互联网时代下，团购业务也处于早期发展阶段，大众点评网也并未获得投资人的关注，但该公司始终坚持运营，抓住移动互联网发展的契机，成功升级为线上线下一体运营的模式。近年来，互联网巨头企业开始在线下市场展开争夺，但大众点评凭借多年的运营和资源积累，形成牢不可破的竞争优势，平台的战略模式也被多家公司借鉴。

除大众点评之外，百姓网也是一个典型代表，作为国内领先的分类信息网站，该平台自2005年3月创立以来，始终没有放弃自身采用的C2C模式。随着移动互联网的崛起，市场需求更加强调个性化，用户的地位逐渐上升，而百姓网的C2C模式更加适应主流趋势，百姓网的战略规划最终获得市场认可。

立足于消费者教育角度进行分析，如今，消费者对C2C有了更加深入的了解，该模式的应用与发展正处于上升期，百姓网经过十多年的深耕，融入市场主流，58同城与赶集网走向联合后，百姓网仍然不放弃C2C模式，体现出平台在发展过程中不忘初心。

◆ 打造完整的生态体系

与应用型企业相比，平台型企业具有更高的价值，而具备完整生态体系的企业则位于最高价值层面。在激烈的市场竞争中，为了维持自身的优势地位并取得长远发展，很多互联网公司都着力于打造自己的生态体系。

独角兽企业也在积极打造自己的生态体系，在投资其他公司的同时，也为内部创业提供支持。以百姓网为代表，该企业就支持公司员工自主创业，源自于百姓网内部的创业企业已达十几家。除此之外，百姓网还积极寻求与实力型互联网企业的合作，联手百度推动自身发展。同类型的例子还有大众点评网与腾讯的合作，沪江网与百度合作等。

创业关键：构建自身竞争优势

对独角兽公司的普遍界定是：公司的市值能够突破 10 亿美元。若某公司的市值能够超过 1000 亿美元，就是超级独角兽。那么，创业人员拥有什么条件与核心能力，才能够打造出独角兽甚至是超级独角兽公司呢？

◆ 如何衡量企业的发展速度

判断公司发展速度的标准可分为三点：

第一，公司所处的领域目前的发展速度。若整个行业都在迅速崛起，身处其中的公司自然也能够取得快速发展，举例来说，电商领域在刚刚兴起时发展得非常快，当时，就算是普通的淘宝店，无须花大力气进行宣传，也能取得不错的运营效果。

第二，该公司有无突出优势。在竞争日益激烈的今天，那些具备显著优势的公司，业绩更容易提升，获得快速发展，除产品本身之外，还有很多环节能够成为企业的优势，如营销、物流、客户管理等等，这些优势方面能够给企业的发展带来积极影响。

以微信为例，其优势主要体现在产品本身，用户可通过语音形式进行沟通互动，比其他交流方式更便捷，还能节省成本，所以，微信自 2011 年上线后，仅用 10 个月，其注册用户就超过了 5000 万。

第三，企业的目标市场占有率。随着企业的发展，其目标市场占有率也会逐渐提高，等到这个指标达到一定程度，公司的增长速度就会逐渐下降。

例如，微信，虽然微信在早期发展阶段势如破竹，但现在其应用已比较普遍，其目标市场占有率已经达到了很高的水平，整体增长速度也出现回落。

对企业发展而言，在能够进行深入开拓与快速发展的时期便是企业的“时间窗口”，每一个公司都应该充分利用“时间窗口”，把握机会，壮大自身的实力基础，为企业的长远发展开辟道路。

◆ 企业能否获得持续性发展

公司能否获得持续性发展，主要看该公司维持自身优势的能力。在这个过程中，最重要的就是为目标用户提供优质体验，若公司在运营过程中忽视了这一点，导致用户体验下降，即便公司拥有足够的规模基础，引进先进的技术，采用创新的商业模式，甚至形成了完整的生态体系，在激烈的市场竞争中，也还是会以失败告终。

在这方面具有代表性的案例是微信，为了获得更加长远的发展，微信没有局限于眼下的利益，而是以用户体验为战略核心，提高了用户的参与度；相比之下，微博在运营过程中，受商业利益的驱使，接下了许多广告，也不注重内容优化，影响了用户体验，很多用户对微博的使用率逐渐降低或转向其他平台。

◆ 互联网怎样影响创业

互联网既能够推动创业，也能够带来不利影响。

互联网的推动作用有：为优势企业的资源链接带来更多便利，

使企业获得资金、技术等各方面的支持。借助于互联网的技术力量，信息传播更为便捷有效，企业能够在短时间内扩大推广范围，具有发展潜力的企业便能够聚集投资者的目光，也可以与其他优势企业进行合作，从而获得资源支持。

以蜜芽宝贝为例，该平台作为母婴电商行业的领先者，在2014年完成了A、B、C三轮融资，如此快速而大规模的资金支持，也只有在互联网时代下才能实现。

互联网的不利影响如下：企业的“时间窗口”不断缩短。互联网大大提高了信息传播的速度，初创企业在创新运营模式、改革传统理念之后，经互联网的传播，能够在短时间内扩散开来，其他同类型的公司就会竞相效仿，导致该企业的优势地位不再明显，企业的“时间窗口”也不断缩短，若该企业无法在有效的发展时期内获得投资者的青睐，就很可能在竞争中处于劣势地位。

以出行服务领域为例，“摇摇招车”是国内最早推出的打车软件，但其上线仅2个多月的时间，国内市场上就出现了众多模式相似的打车应用，多达几十款。以往，新应用推出后，通常需要一年以上的时间才能扩散出去，而在互联网的影响下，这个时间已经缩短到了几个月。

◆ 企业如何保持自身的竞争优势

从创业人员的角度来分析，为了打造独角兽公司，应该注重提高三个方面的能力：其一，能够以独到的眼光挖掘用户的内在需求；其二，通过资源整合为用户提供服务，满足其需求；其三，通过资源整合保持自身的优势。

挖掘用户需求与满足用户需求已经被很多人讨论过，在这里，我们着重分析一下企业如何保持自身的竞争优势。一家公司从最初创立到逐渐发展，会经历不同时期，为了保持竞争优势，在各个时期所采取的措施也有所区别，在具体决策过程中，创业人员需将整体经济形势与所属领域的发展状况都考虑在内，着眼于宏观角度，依据各个时期的发展特点，充分考虑敌方战略，有针对性地展开攻势。在制定战略的过程中，重点进行品牌打造，采用相适应的商业模式。

以京东为例，该企业在探索阶段，以低价销售为主要优势，但在竞争过程中，低价优势并不牢靠，若同类平台掀起价格战，京东很可能失去自己的优势地位。因此在后续发展过程中，京东着眼于整体生态系统的建设与完善，在低价销售的基础上，为顾客提供优质的物流服务，进一步巩固了自身的优势地位。

创业误区：增长规模≠竞争优势

◆ 高成长企业等于优秀企业吗

致使企业快速增长的因素主要有两方面：

一方面，企业所属的行业整体都处于快速上升时期，自然带动了企业的发展，在这种情况下，还无法准确判断企业本身是否优秀。这时，还要对企业本身的竞争力进行衡量，若企业当前的快速增长主要是得益于行业发展的带动作用，而企业本身的竞争优势并不突出，那么该企业就不属于优秀企业的范畴。

另一方面，企业本身的竞争优势推动了企业的快速增长，此时，要考虑企业的优势能够维持多久，若其优势能够在长时间内保持，该企业就应被列入优秀企业的范畴。

以打车软件鼻祖“摇摇招车”为例，该企业的创立领先于同类型的“快的打车”与“滴滴打车”，在早期发展阶段没有遭遇到激烈的竞争，在短期内就获得了快速发展，并受到投资者的青睐，获得了大规模的资金支持。然而，随着加入该领域的初创企业增多，摇摇招车的优势地位逐渐下降，如今，该企业已基本退出打车市场。

而且，企业的快速增长很容易导致创业人员和投资机构形成错误认识，好像企业拥有诸多竞争优势，不必急在一时，从而导致企业的发展速度逐渐下滑，丧失优势地位。

◆ 规模增长等于竞争优势吗

通常情况下，在企业不断壮大自身规模的同时，其竞争优势也会更加明显，不过，并非所有企业的竞争力都会以同样的幅度增长，部分企业的竞争优势增长的幅度较小，部分企业的竞争力则会在短时间内大幅提高。

以墨迹天气与微信的优势增长为例来分析，若两类应用软件的下载量相同，在初期发展阶段，用户每日的使用次数也相同，随着用户规模的增加，在同样的下载量下，微信每日的使用次数可能会达到墨迹天气的数十倍甚至是上百倍，其竞争力增长幅度要更高一些。

无论是创业人员还是投资机构，都更青睐于那些在规模壮大过程中竞争力增长幅度更大的企业，因为这些企业更有可能发展成独角兽。

◆ 企业如何制定商业模式

实际上，商业模式并没有所谓的好与坏，真正的区别在于企业是否采用了合适的模式。以苹果公司为例，苹果在初期发展阶段并未取得显著的成效，很多业内人士都将其归咎于系统开放性不够，但苹果最终以卓越的成绩证明，封闭的系统并不是企业发展的限制性因素。再来分析一下采用平台模式的企业，尽管部分平台型的家政公司始终成绩平平，但天猫已成为平台型企业的杰出代表。另外，小米的崛起让软硬件结合成为人们频繁提及的商业模式之一，然而，直到今天，也没有出现在该模式下取得骄人业绩的公司。

事实上，企业在制定商业模式的过程中，需要考虑诸多因素，既要增强用户体验，又要保持自身的竞争力，还要进行整体的流程优化，要经过一系列调整与完善，这不是企业在发展初期就能够决定下来的。然而，很多创业者并没有认清这一点，先决定商业模式再依据该模式进行企业运营，虽然看似有条不紊，但并没有考虑用户的核心需求，无法推动企业的长期发展。

从创业者的角度来分析，不应停留于对传统商业模式的照搬，而要通过资源整合不断增强用户体验，维持自身优势，在明确企业发展规划，保证高效运营的基础上，制定适合企业发展的商业模式。

◆ 竞争优势和门槛有区别吗

很多人在对企业价值进行衡量的时候，会以“门槛”作为判断标准，但相对而言这种判断方法并不科学，原因在于门槛本身并没有清晰的界定，门槛包含哪些因素，具体标准是什么，都没有统一的规定。若以技术开发为门槛，在这方面具有明显优势的摩托罗拉就不应该走向下坡路；若以企业规模为门槛，那大公司就可以高枕无忧了，但事实并非如此。

而以竞争优势来衡量企业价值更加合理一些，因为竞争优势主要是企业本身不同于其他同类企业的竞争力所在，可随企业的发展而改变，能够体现企业当前的发展形势。

以三星为例，因为该公司拥有完善的产业体系，技术创新能力较强，在智能手机发展的早期阶段，可以迅速进行产品升级，竞争优势显著。然而，在手机领域逐渐发展成熟的今天，技术研发的推动作用十分有限，整体产业体系也日趋成熟，三星的优势地位逐渐下降，相比之下，小米、华为因高性价比优势更受市场欢迎。

在对优秀企业应具备的特质、企业商业模式的选择以及其竞争力进行梳理之后，再来探讨哪种企业成为独角兽的概率更大。

企业要想发展成独角兽，需要具备以下三方面因素：首先，企业所属的领域具有广阔的发展空间；其次，企业经营的产品具有突出优势；最后，在企业规模增加的同时，其竞争力可实现大幅增长。投资者在衡量企业发展潜力时，应将这三点作为重要标准。

除此之外，从创业者的角度来分析，需具备什么能力才有可能打造出独角兽企业呢？关键在于以下三方面：一是能够洞察用户的核心需求，同时可通过资源整合为用户提供相对应的服务；二是具备创新思维，在制定企业战略时，能够打破传统，回归商业本质，使企业的竞争优势更加突出并在长期内保持；三是具备企业家精神，计划推出后能够快速执行，能够抓住机会，勇于尝试。

【案例】Slack：一年估值 30 亿美元的秘密

进入移动互联网时代，与科技相关的创业公司估值获得飙升，有“邮件杀手”之称的 Slack 便是其中之一。

◆ 独角兽 Slack 的商业模式

Slack 的前身是一家游戏公司，成立于 2009 年，由于推出第一款游戏后市场反应冷淡，因此转型做公司内部协作沟通工具。2014年2月，Slack第一款产品正式上线后，就受到了用户的欢迎，推出的当天注册的企业数目就超过了8000家。

另外，Slack也得到了资本方的青睐。2014年2月26日，Slack完成第一轮融资，融资数目为4275万美元，此时公司的估值为2.5亿美元；2014年10月31日，Slack完成第二轮融资，融资数目为1.2亿美元，这时公司的估值已经达到11.2亿美元，Slack正式迈入独角兽企业行列；2015年3月，成立满一年的Slack启动了第三轮融资，融资数目为1.6亿美元，公司估值达到27.6亿美元。

短短5个月，估值金额翻番，Slack成为资本回报率最高的企业软件，也成为有史以来发展最快的SaaS[①]公司。

传统邮箱在使用过程中，经常会出现一个问题，即用户收到的邮件太多，其中不乏大量的广告邮件和垃圾邮件，用户难以快速从中筛选出重要、有用的邮件。而Slack的定位就是一个“邮件杀手”，其通过内置的多种企业级Saas软件的API接口，将企业内网、信息、邮件等分散的沟通方式集中显示在Slack的统一Dashboard上面。也就是说，Slack的本质是一个信息聚合平台，其功能就是对多个聊天群组整合后进行统一的搜索。

① SaaS：Software-as-a-Service（软件即服务）的简称，随着互联网技术的发展和应用软件的成熟，在21世纪开始兴起的一种完全创新的软件应用模式。它是一种通过互联网提供软件的模式，厂商将应用软件统一部署在自己的服务器上，客户可以根据自己的实际需求，通过互联网向厂商定购所需的应用软件服务，按定购的服务多少和时间长短向厂商支付费用，并通过互联网获得厂商提供的服务。

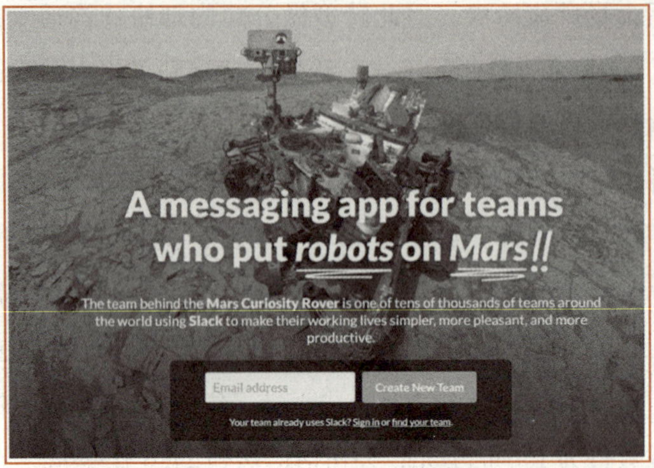

图 2-2　Slack 官网

不仅如此，Slack 也可以将 Twitter 等平台上的问题追踪以及通知提醒等数据统一整合到企业的信息流当中，尤其是对科技企业的软件工程师和产品经理等而言，此功能具有十分重要的价值。

在目前的独角兽企业当中，许多都是面向个人的，作为一家面向企业的创业公司，Slack 采用的模式如下：在一个企业客户中，为员工提供免费的基础版本，而为企业的老板提供收费的高级版本。2015 年 3 月，Slack 的日活跃用户数目为 50 万，其中收费用户为 13.5 万，月收费的金额不低于 6.67 美元。

相比于中国，美国企业级服务的数目一直比较多。例如，2014 年在美国 IPO 的项目中，面向企业用户的比例超过了 80%。而目前，中国的企业级市场也开始被看好，不少曾面向个人客户的创业项目开始转型做企业服务，部分投资者也开始逐渐关注这一市场。

由于对企业级服务市场的状况没有足够的了解，国内不少创业公司在面对该市场时仍然沿用了传统对待个人客户的思维，因此发展路径并不清晰，取得的成果也不尽如人意。

◆ Slack：最好的 SaaS 公司

SaaS 公司，指的是提供软件服务的平台型公司，其典型的代表如 Asana、Basecamp 、Linkedin、Gmail 等。大部分 SaaS 公司采取的是分层计费模式，即依据提供的服务功能的不同而收取不同的费用，具体的收费方式又分月费和年费，即按照每月提供的服务和每年提供的服务进行收费。

由此可以发现，SaaS 公司的商业模式与其他类型公司的商业模式存在着很大的不同：其他类型公司获取收入往往是即时的、短期的，而 SaaS 公司获取收入的周期相对较长。因此，SaaS 公司也就更需要注意提升客户满意度、延长客户生命周期。当客户对某一 SaaS 公司提供的服务满意的情况下，他就会倾向于继续使用该服务，这样提供服务的 SaaS 公司的收入也会随之提升；而当客户对某一 SaaS 公司提供的服务不满时，客户则倾向于停止或更换服务，这样提供服务的 SaaS 公司前期针对客户做出的投资也会浪费。

所以，SaaS 公司在企业运营过程中就具有两大任务：其一，尽可能地获取客户；其二，尽最大努力维系客户，提升客户对服务的满意度。

★ 就第一任务获取客户而言，企业需要把握一个关键指标——客户获取成本。企业获取客户往往都需要一定的成本，具体到 SaaS 公司的运营中，则是指单个付费客户的获取成本，这一成本往往较高，需要企业进行精确的计算。

★ 而就第二个任务而言，企业需要把握另一个关键指标——客户流失率。客户流失率往往是以月为单位进行衡量的，一个健康的 SaaS 公司的客户流失率不应该超过 5%。

因此，对 SaaS 公司而言，用户的续约率是至关重要的。如果一家 SaaS 公司新用户增加的速度永远大于老用户流失的速度，那么它就可以健康地生存下来。而优秀的 SaaS 公司不仅能够做到以上这点，而且其老用户流失率几乎为零，同时新用户的生成也能够比较快速，最终，公司的业绩也会非常理想。

对比美国的初创企业可以发现：创立于 2007 年的 Box 完成 1000 万美元的年收入花费的时间为 39 个月，创立于 2009 年的 Yammer 完成 1000 万美元的年收入花费的时间为 33 个月，而 Slack 仅仅用了 11 个月就完成了同样的任务。这一方面说明了美国企业对 SaaS 服务的接受程度逐渐提高，另一方面也说明 Slack 作为 SaaS 公司中的佼佼者被众多的企业客户所认可。

综上不难发现，Slack 上线一年估值接近 30 亿美元的秘密，一方面因为其产品能够得到用户的认可，吸引用户付费试用；另一方面也是因为其商业模式的创新性和可持续性。

◆ Slack 成为独角兽企业的秘诀

Slack 的爆发式增长，在各行业大佬云集的硅谷引发了巨大的轰动，一个有聊天功能和文档编辑的工具竟然在短短一年的时间内估值就超过了 10 亿美元。这让许多媒体为之疯狂，将 Slack 标榜为“Dropbox 颠覆者”“未来企业协同的领军者”等。

Slack 的成功主要是源于以下三个方面的因素：

1）美国市场中尚未出现企业级社交应用巨头，这为 Slack 的发展提供了良好的机遇，再加上 Slack 自身在产品设计方面十分专注，通过优质的用户体验沉淀了许多忠实客户。

2）美国企业同时使用了大量的 IT 服务，但这些服务之间无法进行对接，而 Slack 则对这些第三方的 IT 服务进行了高效整合，并为用户提供信息搜索服务。

3）Slack 有效满足了办公应用产品最为核心的通信及文档需求，在绝大多数的工作场景中，这两个需求都是关键，而在 Slack 出现以前往往需要多个应用才能同时满足这两个需求。

那么，国内市场中是否具备类似 Slack 这类独角兽的生存空间呢？许多企业在信息化建设方面还存在着较大的缺陷，IT 服务使用率相对较低，并没有太高的信息统一集成需求。此外，由于国内企业使用的 IT 系统并未建立起统一的统计标准，短时间内很难将不同 IT 系统的信息进行高度整合，目前，国内企业集成起来的主要是那些数据量相对较小的云服务产品。

从国内的发展情况来看，腾讯旗下的两款社交产品 QQ 和微信几乎已经将 PC 端和移动端的通信场景完全垄断，对于初创企业而言，想要再创造出类似的通信产品，几乎不可能。但这并不意味着未来国内的在线协同办公市场没有可供创业者实现快速崛起的发展机遇。

【案例】Airbnb：超级独角兽的进阶史

Airbnb 在 2015 年 7 月获得 15 亿美元的融资，至此，公司估值达到 255 亿美元，与此同时，在世界所有创业公司中，Airbnb 位列第 3 名（前两名为 Uber 和小米）。

到 2016 年 11 月，Airbnb 的业务范围覆盖了世界范围内超过 191 个国家，有 34000 个城市的用户可享受其服务，旗下房源数目更是超过了 200 万。从世界范围来看，无论是希尔顿、万豪，还是其他国际连锁酒店，都不及 Airbnb 的规模之大。

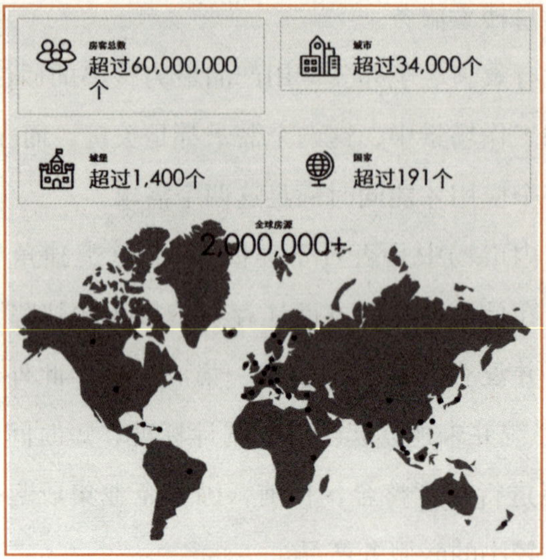

图 2－3　Airbnb 的相关成长数据

Airbnb 成立于 2008 年，在其早期发展阶段，短期房屋租赁还未流行开来，很多人也不习惯这种租房方式，尽管居于美国十大创业孵化器之首的 Y Combinator 十分看好 Airbnb，但很多投资者在面临选择时都持保守态度，典型代表是硅谷顶尖的风险投资家 Fred Wilson，他曾对 Kickstarter、Twitter 等风险项目进行投资，公司内部的设计人员甚至对该项目也持怀疑态度。

◆ 创立：确立主要服务项目，并开始获得融资

Airbnb 在建立初期的运营方式与现阶段相比存在很大差别，在格调上也是如此，该项目的命名也非常朴素，但正是基于初期的想法，才最初演变为现如今的房屋租赁服务。

Airbnb 的服务项目可追溯到创始人布莱恩·切斯基（Brian Chesky）和乔·格比亚（Joe Gebbia）应对生计的问题上。在 2007 年时，两位创始人还是设计师，因为两人承担不起房租，想出在客厅为其他租客提供气垫床，通过收取他们的房费减轻自己资金压力

的方法，租客同时还能享受他们提供的早餐。两人将该服务命名为 Airbed and Breakfast（气垫床和早餐）。

看到这里，可能有人认为这只是房主为旅客提供沙发的相关故事，因为这与 Airbnb 如今在平台上发布的带有异域风格、装修精致的房间图片完全不搭边。

后来到了 2008 年，其运营状态出现好转，这在很大程度上得益于 Airbnb 进行了大规模的实体推广。美国当地于 2008 年 3 月举行了一年一度的西南偏南大会（SXSW），Airbnb 抓住此次机会进行营销，时值美国 2008 年度总统大选，且总统候选人奥巴马在丹佛市进行过大型演讲，Airbnb 的创始人便在此地进行集中营销，丹佛市的酒店数量并不多，而很多人都前往当地听奥巴马的现场演讲，Airbnb 便受到了这些人的欢迎。

然而，其上升势头并没有维持多久，当这两项大规模活动告一段落后，Airbnb 的发展也一路下滑。出于维持公司正常运转的目的，两位创始人只能另寻出路，支持公司发展。布莱恩 · 切斯基收购了大量麦片，在产品包装上进行创新，将奥巴马与麦凯恩（两人分别是民主党和共和党的代表）的形象印在麦片盒上，以 40 美元的价格出售麦片。

这种营销方法还是比较成功的，两位创始人出售了 500 盒麦片，获得了 3 万美元的营收，并将其投入到 Airbnb 后续的业务扩张中，剩下的那些麦片，则被布莱恩 · 切斯基和乔 · 格比亚当作日常生活中的食品，为他们节省了很多开支。

到 2008 年末，两位创始人得以和 Y Combinator 的创始人 Paul Graham（保罗 · 格雷厄姆）进行交流，向他讲述了自己对该项目的想法。但 Paul Graham 认为他们的项目并没有多大的吸引力，不过最终他还是拿出 2 万美元用来支持 Airbnb 项目的开展，并让他们的项目入孵，提供其他方面的支持，之所以做出这样的决定，是因为切斯基团队抱着坚定的信念，具有创新性思维。

在那个时候，确实很少有人对切斯基与格比亚的想法表示认同。根据他们自己的描述，两位创始人在 2009 年萌生了邀请一位专业设计人员加入团队的想法。为此，布莱恩·切斯基将自己对该项目的想法告知了与自己关系较近的朋友，但他的这位朋友并没有答应他的邀约，还觉得他的这个项目不可能取得成功，是在浪费他的时间。

另外，正如上文所述，硅谷顶尖风险投资家 Fred Wilson 也没有在其初期发展阶段给予资金支持，因为 Fred Wilson 无法确定他们的项目能够扩展到什么程度。他认为，Airbed and Breakfast 要想在其原本领域内进一步发展是没有问题的，但要涉足酒店市场的可能性不大。

Airbnb 项目在 2009 年完成了在 Y Combinator 的孵化，进行了种子轮融资，资金规模达 60 万美元，只是该项目只得到了少数投资人的支持，所以投资方仍以 Y Combinator 为主。

◆ 转折：放弃中低端路线，向更有潜力的市场转移

在正式用 Airbnb 的简写形式取代原本的 Airbed and Breakfast 后，该项目的营收规模在长达几个月的时间里仍然没有起色，其用户规模也未出现大幅上涨，那个时候，不扣除切斯基自己在 Airbnb 住宿的成本消耗，其收入也不过每月 200 美元。经过一段时间的运营，创始人发现了问题所在，对用户而言，最基本的住宿条件是不够的，他们更希望自己能住在装修精美的房间里。

在早期发展阶段，Airbnb 的服务提供方式确实与房主为旅行者提供沙发服务之间大同小异，但进入 2009 年第三季度后，两位创始

人开始将焦点放在设计方面，这也是他们的本行。

切斯基和格比亚投资5000美元租下一架摄像机，用这台机器拍摄在纽约提供住宿的房子。在拍摄过程中，注重采用专业技能拍出漂亮的图片，以便住客被图片所感染而想要住进这些房间，事实证明，这些经过图片宣传的房间确实更容易租出去。从那以后，Aribnb团队便定下这样的规矩：专业摄影师负责出租房间的图片摄取，且房东无须支付任何费用。Aribnb的业务运营就是以房间为主导产品，所以要在房间的图片效果上进行专业化处理，全新的观念应用，使Airbnb向网络旅行住宿公司的方向发展。

这就是Airbnb的首次转折，除此之外，Airbnb还实施了第二次转折。到目前为止，该公司仍然处在转折过程中，此次调整主要体现在房源的改革上，即逐渐采用当地具有地域特色、充满设计感的房间代替传统模式下的廉价房屋，这类房间的价格接近于其所在地区便宜酒店的价格水平，或者要稍微贵一点，不过能够带给住客更好的住宿体验。与便宜的酒店相比，这些房间不仅装修精美，还有方便的网络服务，能够让住客感受到浓郁的地方文化特色及人文风情，因而更具优势。

Airbnb充当了连接租客与房东的中间角色，这也是其主导的盈利渠道，其中，租客需向该平台支付6%～12%的费用，房东则需支付3%的费用。也就是说，Airbnb的利润获得与房屋出租的定价水平息息相关，从房东的角度来分析，为了提高房间价值量，一方面，应该提高服务质量；另一方面，还可以在设计上突出房间的独特性，提升住客的体验。

临近2014年第三季度时，Airbnb对其全新服务项目Local Companion的可实施性进行了检验，该项目启动后，住客能够与当地人沟通互动，在其旅行或购物时得到当地人的帮助，还可以就车票购买、婴儿托管或其他事宜进行咨询或寻求帮助。2015 年 7 月 16 日，Airbnb 在网站上发布了题目为“家在四方”的文章，强调要为 Airbnb 的住客营造家一样的感觉和氛围，鼓励不同地区的人们友好互助。

上述措施能够反映出 Airbnb 在与传统酒店进行市场争夺的过程中，主打不同于标准化的地域特色和人文价值。目前，Airbnb 平台提供的房间有四种，有突出价格优势的，有居家风格的，有突出个性化的，也有富有当地文化建筑风格的，除第一种之外，其余都采取某些措施提高房间的出租价格。

◆ 成长：运营方式确定后，Airbnb 获得快速发展

2010 年初期，Airbnb 仅拥有 10 万天的预订量，到同年 12 月，其预定天数就增加了 70 万，达到原本的 8 倍之多。发展到这个阶段的 Airbnb，市场已不仅限于纽约当地，而是在世界多个地区开展业务运营，据统计，Airbnb 的房源提供者来自 89 个国家，其租房服务覆盖至 160 个国家的住客。

后来，Airbnb 的市场范围不断拓宽，在欧洲和其他国际市场获得快速发展，到 2011 年 5 月，Airbnb 的预订量高达 160 万，其创始人布莱恩·切斯基认为，Airbnb 的市场空间会不断扩大，甚至可与 eBay 比肩。媒体界人士在介绍其他采用共享经济模式、迅速崛起的创业企业时，会冠之以“Airbnb for X”的名号。

Airbnb 在 2011 年 7 月获得 1. 12 亿美元的第二轮融资，此时，公司估值接近 13 亿美元，这与 2008 年创始人销售麦片维持公司运转时的情景迥然不同。

Airbnb 公司在 2015 年 7 月完成第五轮融资，资金规模达 15 亿美元，至此，公司估值大约为 255 亿美元。希尔顿作为世界最大的酒

店集团，其市值达 277.3 亿美元，Airbnb 的估值与之相差并不大。不过，希尔顿是上市企业，在资金获取方面更具优势，若 Airbnb 将来也成为上市公司，其市值或许比希尔顿更高。

分析全球各大酒店集团的发展情况可知，除希尔顿之外，其他酒店的市值都不及 Airbnb，从酒店房间数量来看，拥有最多房间的便是 Airbnb。Airbnb 的客房数从 2014 年 2 月开始的 10 个月时间里增加了 70 万间。仅这个数字就超过了其他酒店集团的房间数。

然而，从另外一个角度来分析，尽管 Airbnb 的客房数量在目前来看占据绝对优势，但有些房间可能在不久之后就会失效，因此其使用率并不高。对此，相关统计结果显示，Airbnb 在 2014 年的房间预订量为 3700 万间，仅达到洲际酒店的 20%。不过其结果也指出，Airbnb 到 2016 年的预订量可能会增加至 1.29 亿天。

◆ 变革：颠覆传统酒店业模式，以共享模式带动行业发展

Airbnb 的租房服务到 2016 年覆盖至世界各地的 190 多个国家、34000 多个城市，其房源及房间类型多种多样，既有公寓，也有城堡，可满足旅行者在价格、设计、住宿时间等多个方面的个性化需求，为其旅行增添更多的美好回忆。

从目前的总体发展态势来看，Airbnb 尚未给传统高端酒店企业的运营带来巨大压力，但不可否认的是，该平台在低成本消耗的基础上为人们提供了方便的短期住房服务。Airbnb 是共享经济模式的代表性企业，下面来分析一下该公司的发展带来了哪些变化。

Airbnb	酒店
不需与其他平台合作预订	需要通过订票网站或旅行社预订
房东提供地产、设施	酒店需购买或租用地产、设施
房东提供服务人员	酒店雇佣服务人员
具有双向评价系统	第三方平台提供评价系统
扩张成本低	扩张成本高
不需采用会员制	需要采用会员制

图 2－4　Airbnb 和普通酒店的运营模式对比

一方面，Airbnb 使传统模式下的租房服务的运营和管理模式发生了变化。如果像以往那样要满足住客的租房需求，需要建立一家酒店，将整栋楼租下来，进行房屋装修，采购设备，还要雇佣服务及管理人员；Airbnb 只是作为一个中间平台，将房东家现成的房间提供给租客，省去了很多工作流程。

以往的酒店拥有固定的客房，无论这些房间能不能租出去，都需要消耗固定的成本，服务人员的薪水支出也是成本中的组成部分。所以，为了保证自身的利润获得，传统酒店需尽量将房间都租出去；Airbnb 则以资源整合为主导，没有成本耗损。在其共享经济模式下，所有未得到利用的房间都可经过 Airbnb 来服务于该公司的用户。

相较于传统酒店，Airbnb 市场的灵活性更大一些，随着市场大环境的改变，Airbnb 的房间数量也会随之产生一定幅度的变化。例如，在某地举办大规模活动时，房租的价格水平会上升，加入 Airbnb 的房主人数也会增加；相比之下，传统酒店的灵活性较差，在租房人数较少的时节，其盈利会大幅缩水，当租房人数暴涨时，其提价幅度也不会太高，而且房间数量是固定的，因而无法抓住机会尽可能地增加自己的营收。

例如，2016 年，Airbnb 就与里约奥运会承办方达成合作关系，为到现场观看赛事的住客提供租房服务。

另一方面，相比于传统酒店与住客对接的方式，Airbnb 已经发生了明显的变化。Airbnb 通过平台化运营为房东与住客之间的交流搭建了桥梁。该平台负责为顾客挑选自己满意的房源提供信息和技术便利。

此外，传统酒店除要主动联系住客之外，往往还要联手旅行中介，以便对接相匹配的住客信息。在这个过程中，涉及诸多变动性因素，有时酒店需要经过多层旅游中介，最终才能找到适合的住客。

在 Airbnb 的共享经济模式下，房主无须过多的成本投入，还能在不经过过多中间环节的基础上找到合适的住客，如此一来，便可大大降低中间环节的成本消耗，不仅能够有效降低房价水平，还能获得服务费，再采用大规模运营方式增加自己的利润。

另外值得关注的一点是，为了继续扩大规模并进一步增加自身盈利，Airbnb 仅需在原来的基础上再投入一小部分资金，用于服务器的安装和服务人员的薪水支付。Airbnb 可将其全部利润获得用于自身的系统完善及软件配置，从而为用户提供更优质的服务，并朝着健康的方向持续发展下去，掌握竞争主动权。

到 2014 年，Airbnb 的房间总数已突破 100 万间，其员工人数还不到 1700 位，而喜达屋的房间数量大约为 35 万间，其员工规模却高达 18 万人，希尔顿的房间数量到 2015 年达 67 万间，其员工规模则为 16 万人左右。

◆ 启示：Airbnb 已经成为共享经济模式的典型代表

业内人士曾用“eBay for Space”（空间领域的 eBay）来形容

Airbnb，到今天，Airbnb 的含义范围也进一步扩大，除指代其本身的服务之外，还能够作为共享经济模式的典型代表，成为一大批创业团队效仿的对象。人们会用“Airbnb for X”来描述某个公司的类型，就连初创公司的创始人，也认同这种分裂方法，并以“XX 领域的 Airbnb”来形容自己的公司。

如果登录产品发现社区 Product Hunt，浏览上面的初创公司，很容易就能从中找出几十个 Airbnb for X 公司，这些企业分属于不同的领域。由此可以看出，Airbnb 现如今已作为一种商业模式频繁出现在人们的话题中。

对 Airbnb 来说，“共享经济”并不只是它用来引人注目的幌子，而是通过切实发挥该模式的实际作用，在多个方面突出自己的优势：Airbnb 实现了房东与住客之间的信息匹配；通过技术方法省去了传统酒店企业在地产租用、品牌营销、组织管理还有服务人员的薪水支持等各项成本消耗，降低了其国际化市场拓展难度；强调设计感、人文体验的风格与近年来人们追求的高价值旅行相符。

Airbnb 之所以能够取得今天的成绩，最终还是要归结于创始人坚定的信念，尽管他们没有得到朋友的认同，被很多投资人拒之门外，出现资金问题，早期在用户吸引方面也不是很顺利。Fred Wilson 曾公开发表过相关文章，提及自己当初没有把握 Airbnb 的投资机会，而有相当一部分人在评论中表示，他们也曾萌生与 Airbnb 项目相似的想法，但在实施过程中都没有坚持下来。

有一部分人也认识到该项目拥有广阔的发展空间，并曾尝试过类似服务，但这些人缺乏对该项目的热爱和坚定的信念，最终因为眼前的利益而放弃了项目的后续发展，所以都没有取得成功。还有一些经营过类似项目的用户，最终并没有等到产品发布，因为他们将大部分精力放在自己的本职工作上，没有倾注足够的时间，无暇顾及项目运营，最后都以失败告终。

Airbnb 的创始人之一布莱恩·切斯基则从另外一个角度看待这件事，进入 2008 年后，他发现除自己之外，还有不少人曾试图经营该项目，在他看来，这意味着自己的发展方向没有错。

现如今再来分析 Airbnb 的发展历程及其商业模式，也并没有想象中那么复杂。2009 年以来，Airbnb 始终坚持固定的业务模式。然而，在发展过程中，唯有 Airbnb 经历众多考验后依然存活了下来，成为世界级企业。

第3章 独角兽法则：

如何把估值做到10亿美元

从0到1：打造独角兽的7个步骤

企业从最初创立到最终成功，一般并不是直线前进的，往往只有某个阶段是处于直线上升时期，更多的时期则是小幅增长，甚至还可能在某个时期转变发展方向。

为了在原有的基础上进行持续性发展，很多企业在发展过程中都要进行方向上的调整，改变传统运营模式。因为有些因素可能在企业发展的某个阶段发挥积极作用，而当市场环境改变后，这些因素反而会成为企业发展的束缚。这时，企业必须加以变通，灵活转变发展思路，冲破传统模式下的阻碍，进行方向上的调整与变革。

从创业人员的角度来分析，怎样才能带领企业不断发展，最终成为独角兽俱乐部中的一员？这里列出的7个操作步骤，或许能够给创业团队带来有益启示。

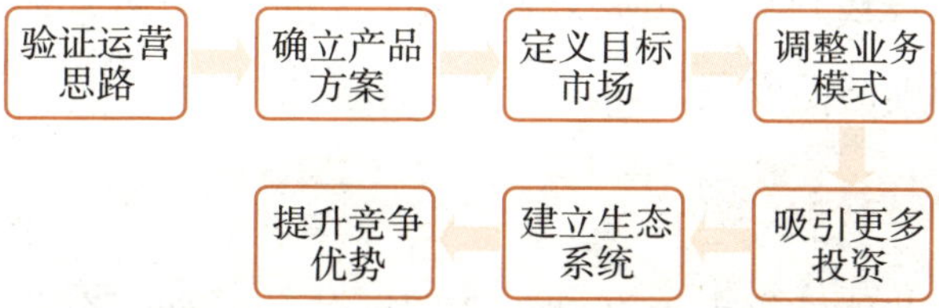

图 3－1 打造独角兽的 7 个步骤

◆ 验证运营思路

若想法独特而又行之有效，往往能够受到投资人的青睐，并能够比较顺利地获得融资。当然，在创业的初始阶段，企业最主要的任务是验证自己的运营思路，证明其是切实可行的，能够吸引目标用户的关注。

例如，订用软件开发商祖睿（Zuora），该公司创立于 2007 年，主要通过云计算提供定价、计量、计费服务，为了提高运营效率，公司推出独立的计费体系，不仅能够弥补一般 ERP 软件的功能缺失，还能有效降低成本。在系统推出过程中，其创业团队提前研制出原型系统，并听取了数十名目标客户的反馈意见。此外，该公司与 Salesforce 进行合作，通过网络平台让用户参与其系统的验收测试，向潜在客户详细介绍了其应用流程，收集了他们的意见。当 Zuora 投入运营时，其客户数量就达到了 200 位。

◆ 确立产品方案

在产品方面，用户的期待与需求是怎样的？创业者需要理清思路，明确哪些策略需要提前实施，哪些规划无须在现阶段完成。在产品验证过程中，创业者需要敏锐感知并把握用户的体验结果，据此对产品进行调整与完善，在后续发展过程中，企业发展的重点将从产品调整转移到规模拓展方面，所以，企业团队要抓住时机，在这个时期明确产品发展方向。

◆ 定义目标市场

这个环节能够极大地调动创业团队的积极性。企业会雇佣专业的销售人员，在营销方面加大投资力度，更加注重方案的实施与执行。

在这个阶段，企业需要界定市场范围。对自身的市场规模做出有效的评估。无论是种子轮融资还是首轮融资，企业都无法明确其市场范围。而今，投资者需要得知具体的市场发展情况，为此，企业需提供明确数据及自身发展形势的相关信息。

◆ 调整业务模式

在这个阶段，企业将更加注重业务模式的调整。明确企业在当前模式下，需要在产品研发、客户获取等方面的成本消耗，以客户流失状况、客户留存率、企业现阶段的利润率为标准对该业务模式的价值做出有效评估，推测其未来发展趋势。

当然，企业在建立初期也需要注重自身的业务模式，不过相对而言，在初期发展阶段，因业务模式方面的问题导致的成本消耗不会太大。如今，创业者必须做好这方面的工作，否则，随着企业规模的逐渐扩大，很可能出现大量经济损失。

一方面，要判断销售模式是否恰当，若该模式的运用无法推动企业发展，就要对销售团队做出调整。另一方面，对客户价值做出有效判断，若当前的目标客户不能实现经济变现，就要进一步挖掘用户需求，或者寻找新的客户。此外，根据利润获得情况衡量定价水平的科学性，若当前的定价无法带来良好的利润获得，就要对其进行调整。在这个时期，公司应集中精力，将其面临的问题各个击破。

◆ 吸引更多投资

若企业计划获得更大规模的资金支持，就要从投资人的角度出发来考虑问题，在这个阶段，投资者需要对企业的安全性和发展的持续性做出有效判断。

这些投资人期待自己能够从中获得较高的回报。为此，他们会对企业的管理团队、执行方案以及资金运转情况进行评估，同时，根据企业的市场开拓状况对其整体价值做出衡量，为了减少投资者的担心，企业团队需要从自身产品、人才队伍、合作企业等方面加以介绍，增强投资者的认可度。

◆ 建立生态系统

发展到这个阶段的企业，已经具备一定的规模。一些小规模公司会积极寻求合作，例如，有的公司属意于大企业的客户资源，还有的属意于企业的专业化营销团队，在合作过程中，借力于团队化运作来推动自身发展。

到这个时期，大部分企业便开始着手构建生态体系。虽然这是一个漫长的过程，但等到企业估值达到3亿美元，其本身需具备足够的能力，能够在所属领域持续发展下去。为此，企业可尝试建立独立平台，同时打造成熟、完整的生态体系，充分展现自身的商业价值及后续发展的巨大空间。

◆ 提升竞争优势

企业在这个阶段，已经完全有能力迈入独角兽的行列。这时，企业要尤其注重自身方案的贯彻实施，时刻保持警惕，密切关注所属领域及其他同类企业的前进趋势，若企业在这时以以往取得的成绩自居，放松戒备，就很可能被后来者的创新模式打败。

虽然只有少数公司能够成为估值超过 10 亿美元的独角兽企业，但从不同阶段来分析公司的发展，独角兽公司的成长历程就更加清晰，也不会像水中捞月那样可望而不可即。对企业来说，要在不同时期把握最重要的任务，及时适应外部变化，对自身方向进行调整，放眼未来，不拘泥于眼下的形势，明确企业所处的发展阶段，并采取相适应的战略措施。

参与感法则：用户黏性与产品裂变

从 Facebook、LinkedIn、Airbnb 等移动互联网时代弄潮儿的发展历程中，我们可以发现正是极强的用户参与度成就了这些伟大的科技巨头。Facebook 以超过 17 亿名的月活跃用户撑起了 3600 亿美元的市值；拥有 1 亿名活跃用户的 LinkedIn 被微软以 262 亿美元的天价收购；拥有 6000 万名活跃用户、200 多万个房源的 Airbnb 估值高达 300 亿美元。

怎样的初创企业拥有发展成为独角兽的潜力？企业要想发展成为独角兽，又应该具备哪些重要因素？对广大投融资机构而言，如何从不断涌现的初创企业中寻找到这些潜力无穷的独角兽们，是摆在每一个投资人面前的一大难题。

投资人不仅要明白产品如何运作，更要能够通过有效的理论和相关指标对企业的价值进行量化考核。在企业初创阶段，产品运作在投资人眼中所占权重更高，而随着企业的逐渐发展，用户参与度则成为衡量企业发展前景的核心指标。

在用户参与层次理论中，处在最底层的是完成产品核心行为（对 YouTube 是用户上传视频，对 Twitter 则是发布一条推文）需要的用户数量；第二层则是提高用户黏性，从而留住用户；第三层是用户能够主动参与价值创造，构建良性生态；最顶层的则是创造一家基业长青的百年企业。

◆ 第一层：增加用户

许多企业都将用户数量增长作为衡量自身发展的重要指标，但对用户实际增长的过程却并不了解。事实上，用户数量的增长过程有多种表现形式，例如，类似阅后即焚应用 Snapchat 的波动性增长；Uber 般的爆发式增长；匿名社交 Yik Yak 在走过了高速增长期后，增速迅速跌落。虽然三者都实现了快速增长，但 Yik Yak 实际的发展却并不理想。

所以，我们关注的焦点应该是那些完成了产品核心行为的用户数量，而不是整体企业用户数量的增长。

视频社交分享应用 Viddy 在上线时，通过在 Facebook、Twitter 等平台上进行营销推广，其用户数量呈现爆发式增长之势，但真正完成其产品核心行为（将自己生活中的片段分享到 Viddy 社区、Facebook、YouTube 等平台中）的用户却少得可怜。

而被称为图片版“Twitter”的 Pinterest 在保持用户高速增长的同时，有一半以上的用户还经常使用 Pinterest 来收藏自己喜欢的图片。

◆ 第二层：留住用户

在拥有了足够的用户后，企业还要尽可能地留住用户。用户黏性对企业的发展具有十分重要的意义，企业推出的产品留住用户的关键主要包括两个方面：

1）用户使用产品后获得的收益。其逻辑在于用户使用企业的产品次数越多，向平台提供的数据越丰富，企业在改善产品质量和强化服务体验方面的工作能够更为深入，用户从中获取的收益会更多，自然会对产品有较强的依赖性。

2）用户放弃该产品后的损失。其逻辑在于用户使用产品的时间越久，其对产品的依赖性会越强，停止使用后会造成较大的损失，就像QQ和微信一样，这两款产品是人们与朋友、同事及亲戚之间进行交流沟通的重要工具，它们俨然已经成为人们社交生活的重要组成部分。

匿名社交软件Yik Yak虽然在第一层级的用户规模方面做得相当完美，但其在第二级的留住用户层面却遭遇了重大失败。而以Facebook、Twitter为代表的社交巨头无一不具备着强大的用户黏性，它们为用户创造出了在虚拟世界中的网络形象。对用户而言，他们关注的人或者关注他们的人都是一笔宝贵的财富，而停止使用后，其在虚拟世界中长期经营的关系网络将会彻底丧失。

因此，企业要想留住用户，并提升用户黏性的关键就在于为他们提供长期稳定的价值收益，并放大用户停止使用产品后所面临的重大损失。

◆ 第三层：产生循环效益

当然作为商业企业而言，必然要追求创造高额的收益，所以在完成上述两个层级后，企业还应该考虑其用户群体能否为其持续创造价值。

以图片社交平台Pinterest为例，Pinterest具备多条为其不断创造价值的循环链：大量用户在利用平台收藏自己喜欢的图片后，平台的内容就会大幅度增加，人们在平台上发现优质内容的机会就会明显增加；用户在 Pinterest 中寻找到一个有趣的图片后，将其分享给自己的好友，而那些对这些图片感兴趣的好友很可能会为了获取更多的图片而在平台中注册成为新用户，等等。

价值循环链看似简单，实际上却很难有产品可以做到这一点。昔日云存储及协同办公领域的独角兽 Evernote，跌落神坛的主要原因就是其未创造出这种价值循环链。从 Evernote 的运营来看，其更偏向于为用户创造价值，变现能力相对较弱。这种问题并非是 Evernote 独有的，大部分云服务及协同办公领域的企业都缺乏清晰的盈利模式。

当然衡量一家企业的发展前景，不能仅依靠其短期的盈利能力，连续亏损超过 20 年的亚马逊一样可以获得资本市场的强力支持，但亚马逊的运营模式被社会各界广泛认可，资本方相信在经过由于初期的规模扩张所带来的成本上升阵痛期后，将会获得巨额的收益。

国内市场之所以仍未出现颠覆微信的社交应用产品，主要原因就是这些产品没有形成价值循环链或者链条被切断，不难想象，许多新推出的社交产品中的用户在平台上结识新的好友后，首先要做的可能就是彼此交换微信号或者 QQ 号。

完成产品核心价值行为的用户规模及其在总用户数量中占据的比例，能够很好地反映出产品的用户黏性、参与度等关键数据。对企业而言，这些数据是反映其未来发展状况的关键所在，将会直接影响自身在投融资机构的评估结果。

竞争战略：构建企业的核心竞争力

2015 年第三季度以来，投资领域的热度急剧下降，不少企业被市场淘汰出局。而且近两年，我国许多企业在发展中都面临资金短缺、难以实现优化管理、产品质量不可靠、缺乏创新等问题，在此期间，很多小规模公司，特别是初创团队，都纷纷陷入发展低谷，本来是奔着最终要上市的目标去的，但还没有见到曙光，就惨遭市场淘汰。

面对越来越激烈的市场竞争，企业应该采取什么措施才能突显自己的竞争优势？怎样才能增强自身发展的持续性？

◆ 提前制定战略规划

处于初期发展阶段时，部分公司依靠独具特色的项目，获得投资者的青睐，得到足够的资金支持，在短期内就能成长起来。然而，在其后续的发展过程中，有些企业因为缺乏创新而无法继续前进，还有些企业没有良好的市场适应能力，想要进行优化升级，又没有明确的方向定位，最终也黯然离场。

之所以会出现上述情况，主要是因为企业没有预先制定出确切而具有可行性的战略规划。这里所说的“战略规划”，简单来理解，就是指引企业在原有基础上，不断向前发展，直至实现其长远目标的总体规划。

企业的战略规划与人们平常使用的导航有相似之处，都具有指引功能，但二者之间也存在差别。路程导航即便显示不同的路径，但最终都指向同一个目的地，结果是既定的。企业的战略规划则不同，其最终结果并没有提前确定下来，高质量的战略规划可以为企业提供多种发展方案，企业可综合考虑多种因素后选出最佳方案，而且，如果在前进途中出现意外情况，企业也可根据战略规划采取及时的应对措施，若不能继续实施该方案，也可以转而向其他方向前进，同样能够推动企业的发展。

从根本上来说，战略规划决定的是企业的发展方向，按照时间长短的不同，战略规划有长期战略、中期战略和短期战略三种，依据具体内容来划分，可分为经营战略、营销战略、品牌战略等，这些战略共同构成企业的战略体系。

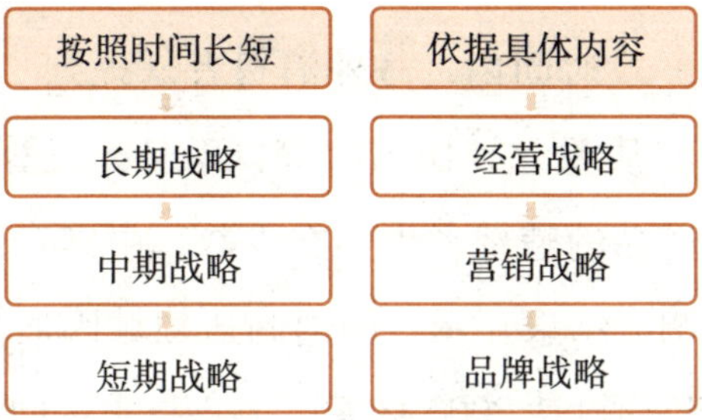

图 3-2 战略规划的划分

企业战略注重从宏观发展的角度考虑问题，有时候，某公司采取的发展措施，看似并未取得成效，但也有可能是公司为了取得长足的发展而在短期内做出的让步；有时候，在双方针锋相对时，其中一方的正面迎战表面上看起来并未占得上风，但该公司也可能是将重点放在侧翼攻击上。企业若采用了得当的战略，就有可能把握市场机会，提高自身的竞争优势，形成坚不可摧的竞争壁垒。

例如，国内知名电器公司格力，自 1991 年建立以来的三年时间内，公司仅拥有单一的生产线，以窗式空调的生产与销售为主，规模并不大，在董明珠继任珠海格力电器股份有限公司经营部部长、副总经理、副董事长后，格力确立了明确的企业战略规划，注重产品质量的保证，建立品牌效应，扩大企业规模，提高整体发展水平。到 1995 年，无论是生产还是销售规模，格力空调在国内都居于首位，其整体实力也突显出来。

在经营方面制定战略规划的同时，格力也推出了相应的品牌战略和知识产权保护战略，并以高执行力将其付诸实践，在营销方面也进行持续改革与调整。近年来，虽然有不少同类企业借鉴甚至效仿格力模式，但都不足以对格力的领先地位造成威胁。

◆ 以极致态度造就品牌

在过去很长一段时间内，海外消费者一提到“中国造”产品，就会联想到低价、质量差、伪名牌等，而且，就算是在国内市场，倾向于选择海外产品的消费者也不在少数，中国产品在销售方面面临着巨大压力。调查结果显示，国内制造领域因质量问题直接导致的经济损失在一年内可达2000亿元以上，与质量问题相关的经济损失更是超过10000亿元。

中国制造业既要面对来自海外企业的挤压，又要应对国内市场的激烈竞争，处于夹缝中的中国制造，怎样才能开辟出新的发展道路？格力空调与锤子手机的发展或许能给我们带来有益启示。

董明珠接管格力之后，严格按照企业的“精品战略”进行各个环节的打造，着重提高产品质量，并将其作为自身的竞争优势之一，经过一段时间的发展，格力终于在品质方面获得了消费者的认可，“中国质造”已经成为格力的代名词，企业品牌的影响力也不断提高。

由罗永浩创办的锤子手机，在早期发展阶段就倡导“工匠精神”，并在此基础上展开了一系列推广活动，体现企业本身对产品质量的重视，以自身的精神理念来打动消费者，在短时间内便得到众多追捧。

所有公司都应在产品质量方面做到一丝不苟，尤其是制造行业和服务领域，对它们而言，公司能否取得成功，在很大程度上取决于其产品品质是否可靠及企业服务是否周到、完善。当然，在制定规划的同时，还要严格去实施，不断提升用户体验。

在这方面具有代表性的企业是海底捞。虽然该企业本身并没有什么祖传秘方作为营销噱头，也并未取得大规模融资，但它以个性化、高品质的服务为依托，最终取得了卓越的成绩。

在同一个领域内，很多企业的产品本身并没有太大的区别，但一些企业就是凭借自身对产品和服务质量方面的重点建设，与其他同类企业之间拉开距离，在消费者心目中留下了深刻的印象，扩大了品牌覆盖面，从而在竞争中占据优势地位。

此外，2016 年 3 月，“工匠精神”还被收入了第十二届全国人大四次会议李克强总理的政府工作报告中。政府倡导企业采用灵活的运营模式，在保证产品质量的同时，突出个性化，并注重品牌建设。“中国质造”也成为众多企业的追求，为了实现这个目标，必须在产品制造及服务推出方面精益求精，持之以恒。

◆ 打造 IP 是发展的重中之重

具备了切实可行的发展战略以及对产品与服务质量一丝不苟的态度之后，企业还需要强化哪方面的能力才能改变原有的形象，走出低谷？

过去，格力的广告语是“好空调，格力造”，进入 2010 年后，企业开始启用全新的标语内容，主打“格力掌握核心科技”，与此同时，转变了企业战略，用“中国智造”代替原来的“中国质造”。

数据统计显示，到 2015 年底，格力累计申请专利 20738 项，有 11673 项获得授权。为了保护自己的专利，格力一方面运用法律手段打击侵权事件，前后参与了数十场官司。另一方面，格力凭借自身的专利优势向海外市场延伸。如今，格力已逐渐建立起自身的自主知识产权体系，涉及数据分析、终端连接、智能网关等多个领域。这进一步提高了格力的竞争地位。

由最初的“中国制造”，发展到后来的“中国质造”，如今则转变为“中国智造”和“中国创造”，在这个过程中，国内企业逐渐升级，眼下已经进入知识经济时代，要从激烈的竞争中脱颖而出，就要牢牢把握IP。

对企业发展而言，IP不仅能够做好早期铺垫，还能提高企业的竞争地位，使企业的独特性特征愈加鲜明。为了增强企业发展的持续性，需要凭借自身掌握的专利知识，在科技应用、企业模式方面进行革新，以便顺利通过市场考验。

然而，大部分企业在IP生产、运营及后续管理等多个环节都可能出现问题。一直以稳健著称的格力也不例外。例如，2014年，格力曾与小米、美的因专利问题产生分歧，2016年，格力因改编知名歌曲《因为爱情》陷入侵权事件。可见，在对待知识产权问题上，无论何时都要保持严谨。

因为没有制定明确的知识产权战略规划，未设立知识产权预警体系，信息对接不畅，问题发生时无法进行及时处理，很多企业都曾陷入困境，给企业发展带来负面影响，使企业在竞争中处于劣势地位。

但令人欣慰的是，知识产权服务类企业也越来越重视产品和服务的完善。如今，用户可根据自身需求在多种知识产权管理产品中进行选择。企业可与相关服务平台合作，由专业化团队帮助它们处理知识产权的所有问题，企业无须在这方面投入太多精力，还能充分发挥自主产权的推动作用。

知识产权保护及自主创新能力在企业发展过程中发挥着不可替

代的作用，从另一个角度来说，企业在这方面的需求提升也能够推动知识产权领域的进步。知识产权服务平台能够保证企业的自主创新产品不被他人侵犯，另外，知识产权服务平台也要依托于企业创新才能持续生存与发展下去。

企业要获得长远发展，必须经过不断完善与创新，国家要在国际竞争中立于不败之地，也要进行各方面创新。近年来，创新在企业竞争中占据着越来越重要的地位。只有利用创新，从“中国制造”走向“中国智造”，才能摆脱腹背受敌的局面，开辟新的发展道路。

【案例】乐视云的独角兽战略模式

2016 年 3 月，乐视旗下的视频云品牌“乐视云”对外宣布完成 A 轮融资，融资金额高达 10 亿元，刷新了全球云计算公司首轮融资总金额纪录。此次融资由重庆战略基金（全称为重庆战略性新兴产业股权投资基金）领投，融资完成后，作为最大股东的乐视控股持股比例下调至 50% 。

乐视云保持着相对独立性，其与乐视其他子公司完全按照市场调节机制处理相关业务。在乐视构建的“平台 + 内容 + 终端 + 应用”整个生态体系中，乐视云是其中的核心环节。创业型的企业文化，使乐视云在保持高速增长的同时，能够积极对自身的产品及服务进行创新发展，从而以 70 亿元的估值成功进入独角兽行列。

◆ 以视频平台打造流量入口

乐视致力于打造涵盖生活、社会和商业的全球云生态，以高度整合的垂直 EaaS（Eco-as-a-Service，生活即服务）云模式对整个云服务产业链进行颠覆性变革。

视频云服务出身的乐视云选择了在该细分市场精耕细作，深度挖掘其存在的海量潜在价值。艾瑞咨询发布的数据显示，2015 年中国在线视频市场规模约为 368 亿元，预计到 2018 年这一数字将增长为 902 亿元。

全球在线视频市场的发展同样保持着高速增长，从 2016 年 6 月思科（Cisco）发布的最新数据来看，预计 2020 年在线视频市场规模将比 2015 年高出 300%，消费类互联网视频流量在整个消费类互联网流量中所占比例高达 82%，而商业互联网视频流量将占据整个商业互联网流量的 66%。对视频质量和带宽要求极高的 VR 产业在 2015 年迎来了快速发展期，其流量同比增长高达 300%。

在移动互联网时代，视频无疑成为互联网流量的收割者。以网络剧为代表的视频内容的大量涌现、视频直播产业的兴起及 VR 产业的迅速发展，都极大地促进了互联网视频流量的爆发式增长。不仅消费类视频用户规模保持高速增长，以在线教育、在线会议、视频监控为代表的商业视频用户也大幅增加。

移动互联网时代能够掌握视频的企业，无疑具备了互联网流量的入口级优势。乐视云的视频云服务，为广大用户提供了一种在自媒体时代实现新媒体化的有效途径，以顶尖的技术将视频内容创造、存储、传输及数字化等多个环节做到极致，促进优质视频内容在世界范围内自由而高效地传播。

◆ 以强大技术建立核心竞争力

在结合乐视整体发展战略的基础上，乐视云以 IaaS、PaaS 和 SaaS 三种技术体系建立起了强大的核心竞争力。乐视云在视频领域的布局围绕 IaaS、PaaS 和 SaaS 全面展开。

在基础层 IaaS（Infrastructure as a Service，基础设施即服务）的

内容分发网络建设方面，乐视云能够为全球超过 60 个国家和地区的数十万企业级客户、亿级用户提供优质的视频内容，其内容分发网点高达 680 个，出口带宽达到了 20Tbps。由此支撑起了一个平均每秒可向数百万名用户同时发布内容、日均设备访问量高达上亿台、年均举办上百万场云直播的云视频服务平台。

乐视云在 PaaS（Platform as a Service，平台即服务）方面的布局同样十分完善。云视频门户不但能够为消费者建立网站，还可以帮助用户对网站进行运营管理。此外，乐视云具有的 VR 视频、移动直播、在线点播、全屏弹幕、大数据、云计算等诸多视频云功能将为广大个体和媒体企业提供丰富多元的 PaaS 服务。

2015 年乐视视频为浙江卫视官方视频软件“中国蓝 TV”提供了网站建设、客户端开发、视频云服务、广告合作等多种优质服务。据浙江卫视官方公布的数据显示，“中国蓝 TV”移动客户端在上线不到半年的时间里就拥有了超过 1000 万名忠实用户。

乐视云 PaaS 服务在提供云点播及直播、大数据、云安全等基本功能的基础上，还将为企业级客户提供完善的视频云解决方案。在 2016 年 4 月举办的 IMF 会议（国际货币基金组织与世界银行春季年会）中，一位国内媒体机构的驻美记者向外界展示了乐视云在云直播方面的强大之处：在智能手机上下载乐视云移动直播 SDK（软件开发工具包）后，仅通过简单的操作，就生成了视频直播应用，并完成了视频拍摄、编码、存储、传输、互动等多个功能。

在 SaaS（Software-as-a-service，软件即服务）方面，乐视的云视频门户能够帮助广大用户在一分钟内建立包括 PC 端、移动端在内的多种终端视频媒体门户，还能使其享受到乐视云提供的内容发行、营销推广及运营管理等多种优质的增值服务。

一个类似乐视网的视频门户网站建设成本高达700万元以上，开发周期长达半年。而乐视云建立的云视频门户可以为用户在一分钟内建立一个视频网站，该用户甚至不需要了解与网站编程相关的技术和知识。

乐视云以IaaS、PaaS和SaaS三种技术体系形成了三角进攻之势，从三种不同的维度上都能够挖掘市场中存在的海量商业价值，而且通过这三者之间的融合，可以有效满足日益个性化及定制化的消费需求。

◆ 以生态经营为核心的商业模式

2016年3月，乐视在公布完成A轮融资的同时，也向外界指出了乐视云在未来将要探索的新型商业模式——EaaS（Eco-as-a-Service，生态即服务）云模式。通过完善的生态云服务推动国内整个云产业发展水平的进一步提升，让广大个体和企业能够享受到最为优质的服务。

在线视频提供的庞大用户流量能够为企业提供无穷的想象空间，例如，乐视云向其推广乐视拥有的海量优质内容资源，通过视频加速、去广告、1080P蓝光高清视频等吸引用户成为付费会员。此外，由于拥有众多的用户流量，乐视云也能够吸引广告主投放广告。乐视云以打造生态型的视频云计算服务平台为导向的发展战略，正推动其向巨头行列不断迈进。

事实上，自2015年8月乐视云推出云服务生态系统“乐视生态云”开始，乐视云的EaaS模式就已经落地。乐视云平台的内容分发网络服务采用免费模式，在盈利模式方面，乐视云将会为上传内容的客户进行广告招商，而且会将不低于35%的所得利润反馈给客户。

可以看出，乐视云高度整合了乐视内部和外部的各种优质资源，并将乐视云平台创造的价值与合作伙伴共享，以开放的心态引入合作伙伴共同做大市场蛋糕。乐视生态云能够为乐视的内容分发、广告招商、电商平台等板块的发展提供强有力的支撑。

此外，乐视云还推出了共享云服务，在结合 VaaS（Video-as-a-Service，视频即服务）技术的基础上，围绕商业直播及内容的共享发行，打造从内容开发到输出价值的完整产业链。

在内容发行方面，乐视云能够让广大内容生产商和渠道商上传内容后，通过向诸多细分领域进行延伸，来完成内容发行和价值表现。乐视云在全球市场拥有的强大的视频发行能力，不但能够辐射乐视自身的平台及终端（乐视视频、乐视智能手机、乐视超级电视等）用户，还能够将其输出到视频直播平台（斗鱼、熊猫）、社交媒体（Facebook、Twitter），从而可以让优质的内容资源在全世界范围内自由流通。

截至目前，乐视云以视频直播的形式发布了苹果新品发布会、谷歌开发者大会、澳门国际电影节及李世石与 AlphaGo 上演的人机大战等。

当然，从整个在线视频行业的发展状况来看，乐视云的价值变现仍处于初级发展阶段。乐视云建立的大数据平台“Data +”可以对在线视频的用户人数、所处区域、上下行带宽等各方面的数据进行统计，从而全面掌握用户的整体情况，描绘出清晰的用户画像，为后续的定制化营销奠定基础。

目前，乐视云存在两种盈利模式：一是为通过为 B 端企业级客户提供服务获取收益；二是与通过生态型的平台与 B 端企业进行合作，共同服务 C 端用户来完成价值变现。

与其他云服务商不同的是，乐视云将自身拥有的资源集中到视频云之中，深度探索这一细分市场中的巨大潜在价值。再加上沉淀了10多年的乐视在技术、资金、品牌传播等方面提供的大力支持，乐视云得以成长为国内视频云领域的独角兽。

乐视云打造了一个由诸多视频领域的顶尖人才组成的技术团队，该团队专注于研究视频编码处理及核心算法，通过降低不同码流对带宽的要求，有效控制在线视频所需的带宽成本。例如，传统的1080P高清视频平均每秒所需要的数据量为8～10M，峰值甚至能达到12M，这无疑造成了企业过高的带宽成本。而乐视云则通过在视频编码等方面进行改善，将数据量控制在5M左右，在减少带宽成本的同时，还有效控制了视频传输过程中需要处理的数据量，从而可以为用户提供流畅又稳定的观影体验。

互联网视频在吸引用户流量方面展现出的强大能量，使乐视云拥有难以想象的发展空间。2016年7月初，乐视云宣布正式启动A+轮融资，通过引入更多的合作伙伴，来完善其在视频云领域的布局。未来，保持着创业心态的乐视云将在强力资本的支撑下，有效推动中国视频云行业整体发展水平的进一步提升。

第 4 章 指数型组织：

新创企业的裂变式增长路径

指数型组织：裂变式创业新路径

互联网以及移动互联网时代的到来，不仅改变了我们的生活方式，也使得一批创新型企业应运而生。例如，蚂蚁金服、Uber、Airbnb 等中外独角兽级别的企业，获得了无数创业者的追捧和模仿。而仔细分析这些企业不难发现：它们均是指数型组织。

“指数型组织”这一术语来源于萨利姆·伊斯梅尔（Salim Ismail）、迈克尔·S. 马龙（Michael S. Malone）和尤里·范·格斯特（Yuri Van Geest）于 2014 年出版的图书《指数型增长组织》。它指的是通过创新的组织结构、卓越的运营方式以及先进的生产技术等，实现企业的快速可持续发展。这些企业规模的增长速度甚至超出一般企业数十倍，所以这种成长速度可以说是“指数型”的。

指数型企业的出现，促进了传统企业的改造、升级。例如，通用电气和可口可乐两大巨头型传统企业就借鉴了指数型组织的成长原理，并取得了比较理想的效果。

◆ 指数型组织的独特优势

过去，传统企业采用的往往是层次分明的组织结构，这种组织结构的优势在于分工明确，因此也为企业带来了比较快的利润增长速度。但随着互联网时代的到来，传统的信息不平衡局面被逐渐改变，不断提高的用户需求和日益激烈的市场竞争也需要企业改变传统的运营方式，更大限度地发挥员工的积极性、主动性和创新性。

与传统企业的组织结构不同，指数型组织打破了层级式的组织结构，而采用了趋近扁平式的组织结构。在这样的组织中，企业高层的管理权和决策权逐渐转移到了普通员工身上，员工拥有更大的自主性。当面对特定的挑战时，员工需要资助决策，并寻找解决的方案。而这样的组织结构，也必然决定了企业更具有生命力、创新性更强。

例如，电脑游戏公司 Valve 就是采用这种组织结构的指数型组织。而且，与 B2C 平台 Zappos 一样，Valve 的企业架构中没有经理这一角色，虽然这样的企业员工在自主决策时可能会面临一些风险，但员工也能获得更快的成长，并从做出的决策中汲取经验和教训。

当然，对大多数企业，尤其是传统企业而言，采用这样的组织结构是一次巨大的变革，但应用后能够取得的成效也远非一般的组织结构能够比拟。Valve 的统计就已经显示，其员工的人均创收超过苹果公司和谷歌公司，而且这一数字每年还在以 200% 的速度增长。

◆ 指数型组织带来的变革

1）产品改进

除了改变企业的内部组织结构激发员工活力，指数型组织还可以通过外部的资源获得创新的灵感。根据信息技术研究和分析公司

Gartner（高德纳咨询公司）的分析报告：预计到2017年，通过众包方式解决企业内部大部分（75%左右）创新和研发任务的消费品制造商比例将超过一半。

例如，美国著名的儿童玩具制造商Fisher Price（费雪玩具），已经通过众包的方式来设计公司生产的玩具。从另一个角度来看，由于指数型组织更注意客户的参与和反馈，因此也更容易接触到客户，并了解他们的想法，另外还可以建立用户论坛和社区，通过用户的反馈改进产品。

2）资金获取

企业建立的用户论坛和社区，不仅有利于企业获得产品改进方面的反馈，还使得企业更容易获得资金支持。

例如，一个高级服装设计企业，可以在发布产品之后、生产产品之前，先获得有意客户的预付金，获得充足的资金之后再进行生产。这一方面保证了产品的顺利生产，另一方面也提前保证了产品的销量，不易造成库存积压。

另外，由于指数型组织初创的时候往往模式新颖，但缺乏足够的资金支持，因此通过外包或租赁的方式也能够降低企业的生产成本。

例如，移动支付公司Square就将企业的部分业务外包给创客空间，这样企业就没有必要为购置大量的原型器械而花费巨额的资金。目前，Square也已经迈入了独角兽俱乐部行列。

再如，共享经济领域的典型代表Airbnb，自己不拥有任何一家酒店，用户却遍布190个国家近34000个城市。2015年2月，Airbnb的估值就已经达到了200亿美元。

◆ 可口可乐和通用电气的改革

虽然与以上企业相比，可口可乐和通用电气并非创新型企业。但这两家公司也均分析了指数型组织的优势和特点，并融合到了企业的运营中。

通用电气借鉴了指数型组织采用扁平组织结构的特点，以更好地满足客户的需求。其具体做法如下：工程团队及时与客户沟通，并根据客户的反馈自主决定如何改进。而传统的运营方式则是工程团队根据管理者的决策设计和生产，投入市场后才能获得用户的反馈。而在改进运营方式之后，不仅客户满意度有了明显的提升，企业的生产成本更低（降低约50%）、销量更高（提高了约2倍）。

可口可乐借鉴指数型组织运营模式的主要目的并非提高产品的销量，而是促进创新，为此可口可乐开展了多个活动，以帮助初创企业的发展。

◆ 三种执行指数策略的方法

对初创企业而言，其优势在于具有较强的活力和生命力、组织灵活、创新性强，而弱势则是缺乏人才和资金等资源的支持，而且有可能在巨头的夹击下快速陨落；而对于已经获得成功的企业而言，其优势是已经获得较强的市场地位，也不乏资金等方面的资源，而弱势则是机构臃肿僵化、缺乏创新精神。因此，即使规模庞大、模式成熟的企业也可能会被创新企业冲击。

虽然企业进行自我变革具有比较大的困难，但仍然可以借鉴指数型组织的一些策略，以保持自己的生命力和竞争优势。

1）参考成功创业企业的思维方式和行为模式

如今能够在短时间内获得快速成长的初创企业已经并非凤毛麟

角，如 Airbnb、Uber 等。因此，企业要学会从这些指数型组织身上学习可取之处，并融合到自己的商业模式之中。

2）积极进行创新实践，从中总结经验

通用电气、可口可乐等企业正是通过创新实践，给予了员工更多的主动权，而为企业注入了新的生命力。因此，企业在改革过程中也应该积极进行创新实践，注重与用户的互动，最大限度地发挥员工的创新潜能。

3）在竞争中善于发现问题并有效改进

移动互联网时代，行业的变化速度越来越快，任何新兴的企业都有可能具有颠覆市场的潜力。企业应该在激烈的竞争中及时发现问题，并利用指数型组织的优势。

回顾 20 世纪 50 年代的领先企业，可以发现接近 90% 的原世界 500 强公司现在已经销声匿迹。之所以这样，一个主要原因就是企业未能够紧跟时代发展趋势。未来能够具有更强生命力的必定是指数型组织，传统企业也应该进行借鉴。

指数型组织背后的九大驱动因素

◆ 信息时代的颠覆

互联网时代的信息传播方式和思维模式，使得各个行业、企业及其生产的产品的新陈代谢速度都越来越快。过去，一家企业要发展壮大往往需要几十年甚至上百年、要借助几代创业者的不懈努力。而如今，一家企业在短短几年内就有可能成为估值超过 10 亿美元的独角兽公司。

事实上，互联网对商业的影响可谓是多层面、多角度的。例如，大数据和云计算就使得企业处理信息的方式发生了巨大的变革。过去，企业的营销是比较模糊的；而如今，企业的营销更加精准，借助大数据提供的信息以及云计算的分析结果，一家企业非常容易就可以知道哪些人是他们应该花费力气培养的目标客户。

另外，互联网也改变了传统的竞争模式。随着互联网的发展，越来越多的企业开始走上跨界之路，例如，物流企业做电商，电商企业涉足影视，电器企业生产手机，手机公司进军房地产，等等。处于任一行业的企业，都有可能需要面对无数意想不到的竞争对手。

◆ 边际成本的下降

在经济学与金融学领域中，每一单位新生产或购买的产品都需要一定的成本，这一成本即边际成本。而互联网的一大贡献就在于大大降低了企业营销和销售的边际成本。

与互联网相关的技术应用到企业的销售和营销中，不仅会使得企业的销量获得极大的提升，而且这种提升所需要的成本也几乎可以忽略不计，而这也就使得很多企业在初创时期没有巨额资金的支持下，也能获得指数型的增长。

进入互联网，尤其是移动互联网时代，与互联网相关的企业已经越来越多，甚至可以说，几乎任何一个行业都是在朝着信息化的方向发展的。例如，Airbnb 改变了传统的酒店住宿模式，租客不需要花费什么资金就能够找到一个满意的住处，而租客也不需要太多成本就能够将闲置的房屋出租出去。在这种模式中，房屋出租的边际成本是接近于零的。

◆ 颠覆无处不在

与以往任何时代都不同，如今，颠覆已成为商业的新常态。任何一家新兴的创业公司都有可能凭借其先进的创业模式冲击传统的行业巨头，并改变旧有的行业格局。例如，在汽车等传统产业，成立于2003年的特斯拉凭借创新性的技术成为了新潮流的引领者；再如，Uber、滴滴出行等互联网打车平台颠覆了传统的出行服务市场，使得乘客能够享受到更加便捷、舒适的出行体验。

实际上，创新性技术对行业的颠覆也会遵循一定的规律，主要包括以下五步：

★ 信息化技术在行业内的应用；

★ 行业营销和销售成本大幅度降低，且更容易获得资金支持；

★ 行业创客社群开始形成，并进一步带动相关技术的发展；

★ 品质更高、价格更低的相关产品和服务被陆续推出；

★ 行业格局被打破，并朝信息化方向发展。

目前，在机器人、3D打印、无人机等领域，行业的发展基本均是按照以上步骤进行。

◆ 极客渐成主流

由于互联网改变了过去信息不对称的局面，因此只有专家才能主导行业发展的局面已经成为过去。进入移动互联网时代，那些对某一领域有狂热兴趣、更具创新能力的极客所发挥的作用已经愈加明显。

因此，对企业尤其是创新型企业而言，采用众包式的运作方式，不仅可以降低企业招聘人才所需要的成本，而且更容易获得尖端技术和创新商业模式，并实现指数型增长。长期来看，极客与专家这两种角色也会共存，共同为企业、行业的发展提供优化的解决方案。

◆ 计划的预期功能减弱

一般来说，传统企业在运作流程中往往倾向于事先制定规划，而其制定的规划依据时间长短和任务量的大小又细分为短期计划、中期计划和长期计划。而进入移动互联网时代之后，对于指数型组织而言，计划尤其是长期的计划不仅难以发挥预期功能，而且有可能影响企业生产力的发挥。

以滴滴出行为例。2012年推出时，它仅具有打车功能，而且开通的功能非常有限，经过与市场的磨合以及用户的反馈，目前已经成为涵盖出租车、专车、快车、顺风车、代驾及大巴等多项业务在内的一站式出行平台。这就体现了互联网时代指数型组织的创新性和灵活性，如果滴滴出行一直按照成立之初的计划严格实施，恐怕是难以取得这样的成果。

互联网时代的发展，使得行业、企业和产品变化的速度都逐渐加快，而在这样的商业环境中，超前制订计划就容易产生错误的预期。对指数型组织而言，企业更应该着眼于目标而非规划，更应该注重执行而非计划。

◆ 小企业能够发挥的优势变大

传统的大型企业之所以能够获得更好的发展，主要是由于其所具有的资金优势，使得交易成本相比小企业而言有所下降。而移动互联网所带来的信息革命已经彻底改变了这种状况。

一方面，如果企业的商业模式和产品或服务具有创新性，即使企业的规模较小，也能够顺利获得资金支持；另一方面，互联网时代企业获取资金的渠道已经大大扩展，如众筹。另外，互联网时代的市场竞争，更看重的是一家企业的适应能力和灵活性，规模等因素的影响力正在逐渐下降。

根据近几年的相关研究，小型初创企业的上升潜力已经远远超过大型企业。那么，随之而来的一个问题便是：指数型组织的潜力有多大？在指数型组织的规模扩大以后，其成长路径将发生怎样的变化？从目前的情况来看，实际上大部分指数型组织都处于初级发展阶段，其扩大之后，更倾向于成为平台，并孵化新的指数型组织。

而谷歌便是这种模式的典型代表，其依靠搜索业务获得快速发展后，便又融合多种外部元素，推出了新的业务和平台。

◆ 共享模式大行其道

对小型初创企业而言，应该没有一种模式比共享模式更能够获得发展的动力了。共享经济的特点在于使用而非占有，也就是说，企业付出较低的成本就能够获得需要的工具和技术，而不用大费周章、花费巨额的资金购买设备或招聘人才。

例如，美国最大的连锁创客空间TechShop使得过去只有大企业或政府部门才能够获得的昂贵设备也为小企业所用。如此，小企业便也能够获得与大企业媲美的制造能力。在共享经济以及协作消费等的驱动下，租赁而非拥有的逻辑已经在企业发展中发挥出越来越重要的作用。小企业可以租赁自己所需要的设备，并借助互联网技术进行管理。

包括设备、人才以及技术等企业生产所需要的关键因素，实际上都可以通过这种模式获得，并为初创企业带来指数型的增长。

◆ 组织结构的改变

传统企业采用的组织架构往往是层级式、封闭式的，企业的决策需要由管理层做出，之后一级一级地反馈给员工；而员工从用户处获得的反馈也需要一层一层传达，才能到达管理层。这种组织形式不仅降低了企业的运营效率，而且容易造成人力、物力等资源的浪费。相比而言，指数型组织的管理方式则是基于信任而非控制，组织结构是开放而非封闭的。而这种更为开放的组织结构和自主管理的方式，也使得企业取得了不错的成效。

进入互联网时代以后，机器人等智能设备可以渗透的领域越来越多，而这时就更需要员工发挥积极性和创造性。因此，传统以控制为主的层级管理方式也必然不再适用。

例如，社交服务平台 Facebook 之所以能够获得巨大的成功，离不开其开放的组织结构。在 Facebook 的团队中，成员可以不经审核就做出自己的决策。虽然这样的管理方式有可能会存在一些风险，但在这样的团队中，员工的积极性、独立性和创新性也能得到更大程度的发挥。

◆ 大数据的应用范围越来越广

随着信息技术的发展，能够被测量和收集的数据越来越多。例如，在汽车行业，一辆汽车安装的传感器达到上千个，司机做出的任何行驶决策都能够被准确记录，并反馈给生产和研发部门；在零售行业，消费者在网上购物时的浏览记录、购买记录等会被准确地收集，然后平台便会推送相关的商品链接，提高平台的成交量。

而很多指数型公司便是利用这些大数据来建立自己的商业模式的。当所有企业都面临一个新的世界时，如果有的企业能够依据自己收集的数据对趋势进行分析，并转化为切实可行的商业模式，那么它便能够获得成功。

如何培养与构建指数型组织

在这个价值被空前创造的时代，不仅技术发展日新月异，而且在短时间内估值就超过 10 亿美元的独角兽级别的企业也越来越多。这些能够快速扩张的企业即“指数型公司”。那么，了解指数型公司所具有的特性，分析如何培养和打造一家指数型组织就显得至关重要。

◆ 指数型组织的主要特性：创新差异化

进入移动互联网时代，指数型组织的数量也在逐渐增多。通过分析这些指数型公司，可以发现其产生的原因主要有三个：其一，信息技术的飞速发展；其二，共享经济的大行其道；其三，企业的组织模式由封闭转为开放，更有利于促进企业的创新。

以互联网搜索起家的科技企业谷歌便是典型的指数型组织。经过十几年的发展，谷歌的产品和服务涵盖的领域已经越来越广，包括互联网搜索、广告技术以及云计算等。不仅如此，近几年，谷歌还投身虚拟现实领域，为用户提供更先进的技术和产品。

谷歌上市时，其每股的发行价为 85 美元，而创办 18 年后，其股价已经上涨高达 1294%，其市值已经超过英特尔、IBM、微软等科技型企业。

谷歌之所以能够实现指数级增长，一方面在于巨大的创新能力，综观如今的科技企业，能够如谷歌一般保持持久创新力和生命力的是少之又少，可以说每一次科技革命到来之时，善于创新的谷歌均走在了前列；另一方面在于谷歌十分重视用户体验的提升，无论是搜索还是其他产品，用户都能够获得极致的体验。而这也是指数型组织应该具备的特性。

实际上，不仅国外有指数型组织，近几年，国内的指数型组织也越来越多，如小米科技就是典型的代表。

如今，国内的智能手机市场已经是一片红海，而小米之所以能够占据一席之地，不仅是因为其擅长营销，更是由于其别具一格的商业模式。也正是这一商业模式，才使得即使小米的模仿者众多，也难以获得可与小米比肩的成功。

小米的商业模式，即创始人雷军提出的“铁人三项”。所谓的“三项”是指软件、硬件和互联网服务。正如奥运会比赛一般，铁人三项运动员要取得领先的名次，就应该三项运动均取得好成绩；而小米所追求的也正是软件、硬件和互联网服务的综合领先。以硬件为例，2011 年小米手机的出货量为 30 万部，营业收入 5.5 亿元；而到 2013 年其出货量已经达到 1870 万部，营业收入为 34.6 亿元。

◆ 如何培养和打造指数型组织

通过以上的案例和分析，可以发现创新差异性是指数型组织的主要特征，而要培养和打造指数型组织，则需要从以下四个方面入手。

1）培养创新思维

在互联网时代，企业的竞争日趋激烈，就各个细分领域而言，后进入者总会面临着更大的竞争压力。而培养创新思维，发现新的商机、新蓝海，则能够使初创企业获得先发优势，更有望获得快速发展。

2）挖掘企业潜力

对企业来说，如果只生产单一产品，那么市场潜力必然有限。而如果能够挖掘企业潜力，开拓更多的业务和产品线，就更容易获得更快速的成长。综观如今世界范围内排名领先的企业，几乎都是逐渐扩展产品线，并建立起了自己的生态系统。即使如滴滴出行等

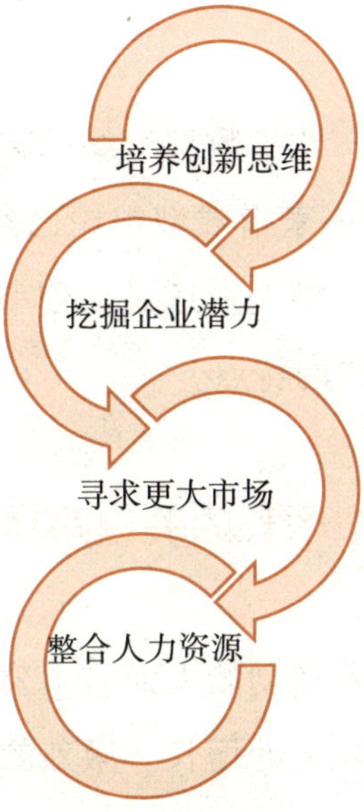

图4－1 培养和打造指数型组织的4个切入点

企业，在专注于出行市场的同时，也囊括了多种业务。

3）寻求更大市场

指数型组织往往更擅长发现前景广阔的市场，并获得该市场的领先优势。例如，英特尔是全球最大的个人计算机零件和CPU制造商，而进入移动互联网时代后，英特尔发现了人工智能领域的巨大市场前景，于是通过收购人工智能公司Saffron Technology，加大企业在人工智能领域的布局。

4）整合人力资源

移动互联网时代，人才在企业发展中的作用已经不容忽视。但对企业，尤其是初创企业而言，如果仅通过资本挖掘人才，必然会面临比较大的压力，而且企业内部人才的价值总是有限的，而通过利用互联网渠道整合人力资源，必然能够发挥更优的效果。例如，小米科技就是通过论坛的方式，整合用户和粉丝的反馈，进行产品的研发和改进。

独角兽企业的崛起，让指数型组织的建立成为趋势，如何寻找全新的扩展方法、打造一家指数型组织已经成为企业的主要课题。总而言之，无论是对成长型企业还是初创型企业而言，要获得良好的发展，都应该顺应时代的特点。

爆款：产品指数型增长的关键路径

对一家企业的投资者和创始人而言，公司追求的主要目标即是创造巨大的价值、获得规模的增长。激烈的市场竞争让企业如同逆水行舟，如果不能前进，就会被市场淘汰。但是，大多数创业者在创业前期，关注点基本都停留在一些琐碎的细节上，难以站在企业长远发展的角度审视问题。要获得规模的增长，首先应该打造能够获得指数型增长的爆款产品。

◆ 如何确保产品切中用户的需求

可以说，任何一家企业都能够制造产品，要获得竞争优势，企业应该做的是确保制造的产品切中用户的需求。而要做到这一点，企业首先应该对自己的目标市场有精确的定位，分析目标用户的喜好和需求。

即使有很多企业都意识到了这一点，但最终却不是所有企业都能够获得成功。因此，企业在运营过程中需要时时对自己的产品进行验证，具体的验证指标如下所示。

★ 用户对产品的评价和反馈如何？

★ 用户使用产品的感受如何？是否与设计产品的理念一致？

★ 产品的用户留存率情况如何？

如果企业的产品能够获得一定数量的用户，并且用户留存率较高，那就证明产品能够切中用户的需求，且能够使用户获得比较好的体验。另外，在一款新的产品推出后，企业也可以进行有针对性的营销，以更快获得用户的反馈。

◆ 如何确保产品容纳所有目标用户

如果企业生产的产品已经切中了目标用户的需求，那么接下来，企业要获得指数型增长需要做的就是让产品尽可能容纳所有目标用户。

那么，如何验证目标用户是否有所增长，需要通过以下指标来进行：

★ 通过投资渠道的回报进行验证；

★ 通过产品的反馈结果进行验证；

★ 通过产品的销售目标进行验证。

◆ 如何确保产品获得目标市场

企业的产品要获得目标市场，首先就需要对目标市场进行投资，而具体的投资方式和渠道则是由企业的商业模式决定的。

1）压缩客户撷取成本

要获得客户，就需要付出一定的资金，这部分费用也即客户撷取成本。客户撷取成本由客户能够带来的价值和产品的利润率决定。假设客户能够带来的价值是固定的，如果企业要提高产品的利润率，就需要压缩客户撷取成本。

对初创企业而言，客户撷取成本在客户平均价值中所占的比例约为 30%；当企业能够获得资金支持时，客户撷取成本则一般会大幅度提升，以使企业在最短的时间内获得更多的客户，培养客户习惯。

2）选择客户获取渠道

客户撷取成本的多少，在很大程度上决定了获取客户的渠道。此外，企业的产品类型等也会决定获取客户的渠道。

对企业而言，理想的客户获取渠道应该是成本低、投入低、产出高、完成目标的概率高的，因此企业需要根据自身的情况对病毒营销、搜索引擎营销、社交媒体营销等不同的营销渠道进行详细分析，进而选出最为理想的客户获取渠道。

另外，企业可以根据自己的时间、资金状况等选择若干个渠道，进行营销效果的测试。如果测试的结果证明某个或某几个渠道获取客户的成本低且效果好，就可以在后续的运营过程中加大对这个渠道的投资，而将其他渠道作为补充。当然，测试的结果也并非万无一失，企业在后续运营过程中还需要时时观察，并及时应对。

◆ 如何确保产品能够为目标市场服务

在确定了目标市场之后，企业就需要具体制定为目标市场服务的策略，更好地为客户服务。一般情况下，如果客户对一种产品的期望值较高，那么在产品面市时，客户也会获得比较高的满足感。因此，企业要为目标市场服务就需要着重从以下两方面入手：

1）让产品满足用户更多的期待

如果一种产品能够满足用户更多的期待，那么其必然也更容易在市场上获得竞争优势。而要满足用户的期待，首先应该通过市场调查以及应用相关大数据资源等了解用户的需求。例如，在其他手机并不具备上网功能时，如果一款手机能够带给用户比较流畅的上网体验，自然就会获得众多用户的青睐。苹果、谷歌等公司推出的产品之所以每次未等面市就已经收获众多的关注，就是因为其满足了用户的特定需求。

2）修复用户使用过程中存在的问题

在客户由潜在客户到客户到忠实客户的转化过程中，会存在若干影响因素，其中一些因素虽然看似不起眼，但实际上也影响客户的体验和转化程度，如会员注册是否顺畅、售后服务能否周到等。因此，企业就需要深入挖掘并发现这些问题，从而解决问题，提高客户的转化率。

第5章 危机与重生：突破“昙花一现”的天花板

独角兽创业公司面临的生存危机

曾经备受关注的独角兽企业 Evernote，在 2016 年 6 月 28 日宣布了两项“新政”：Evernote Plus（标准账户）和 Evernote Premium（高级账户）两类付费服务的费用上调 40%；对于免费的 Evernote Basic 服务，则增加了“不超过两台设备同时登录”的限制。

2015 年在因创始人离开、大幅裁员以及支线业务关闭等事件而被外界普遍质疑的情况下，此次 Evernote 推出的这两项内容又一次将自己推向了风口浪尖。哪怕是曾经的“死忠粉”用户也开始对 Evernote 感到失望，并开始寻找替代品或考虑“如何将笔记转移到微软 Onenote”。

Evernote 曾备受外界认可和用户青睐，甚至被称为“教科书式”的独角兽企业，然而现在却回到了对用户“坐地涨价”的粗暴状态。究其原因，主要是 Evernote 并没能成功构建出具有可持续盈利能力的商业发展模式，因此也就无法长久借助免费增值服务吸引和黏住用户，只能回到涨价和限制免费用户的路径。

然而，这种举措无异于“杀鸡取卵”，只会逼走大量用户。因此，对 Evernote“唱衰”的声量正不断增大：Evernote 是否将成为第一个死掉的独角兽企业？

◆ 独角兽企业的困境

其实，面临同样窘境的独角兽企业并非只有 Evernote。当资本市场趋于理性、被过度热炒的行业回归常态后，很多独角兽公司都遇到了如何实现可持续发展的瓶颈。特别是这类独角兽公司在初创时期便缺乏长远的战略规划，只是借助热炒的概念和“故事”吸引投资人的关注以获取巨额融资，而实际上他们并没有完全掌控和运作巨额资本的能力。

这类公司常常在运作一段时期后便会遇到发展瓶颈，而可持续盈利模式的缺乏又使得它们很难实现突围。因此，Linkedln（领英）创始人 Reid Hoffman 才会预言，当前涌现的众多独角兽企业，将有一半甚至 2/3 的企业最终会被市场淘汰。

◆ 资本对独角兽企业的推动

Evernote 类独角兽遭遇的困境与资本的过度追捧密不可分。互联网经济时代，企业能够维持住资本市场对其发展的信心，远比企业当前乃至上市后是否盈利更为关键。

很多投资者创收的主要方式不是依靠投资对象的有效经营，而是市场对投资对象的估值，是通过转手买卖实现获利目标。因此，在互联网产业信奉“指数式增长”的背景下，相比能够稳定创收但利润较低的企业，那些成功率低但利润率高的公司反而更容易获得风投机构的青睐。

在互联网领域，点击率和用户规模成为外界对互联网企业进行上市评判的标准，这使得一些没有明确商业模式甚至亏损的企业也能够借助资本的炒作成功上市。由此，互联网公司与风投通过相互造势达成了各自的目的：企业早期借助风投实现基金的快速扩张，为上市造势，大幅抬升了公司的市场估值；上市后公司获得更多的其他基金和社会资金，而风投则在这一过程中通过转手交易“功成身退”。

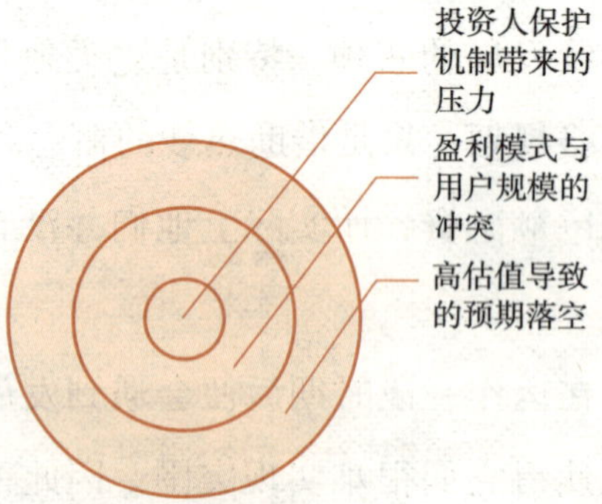

图 5-1　独角兽创业公司面临的三大挑战

◆ 独角兽创业公司面临的挑战

从资本层面来看，独角兽创业公司主要面临以下挑战：

1）挑战一：投资人保护机制带来的压力

当公司价值大幅下滑或者出现其他重大问题时，“低迷保护机制”会首先保障投资人群体的利益；不过相应地，这就对公司员工和股票形成了更大的压力。很多独角兽公司难以持续发展，很大一部分原因就在于此：出现重大变动时，公司拥有的资金不足以支持其继续发展，从而使市场估值发生剧烈变化。

2）挑战二：盈利模式与用户规模的冲突

与传统企业不同，很多独角兽公司都是与互联网产业相关的高新技术类公司。这些公司想要吸引和黏住更多流量，就只能采用盈利性较弱甚至为用户提供免费增值服务的方式，而这种盈利模式又必然会使公司的发展极不稳定，容易受到各种信息的影响。

当这类独角兽公司无法持续获得资金投入，或者股价大幅下降时，便会因盈利能力的不足遭遇发展瓶颈。在这种情况下，企业常常会将融资获得的资金投放到各个部门来扩大业务，以通过“造势”提升市场估值，吸引更多的资金涌入。

3）挑战三：高估值导致的预期落空

一个引人关注的现象是，很多上市之前被估值很高的科技企业，上市之后却遭遇了“滑铁卢”。这主要是因为这些科技公司借助概念或“故事”炒作而获得了过高的估值，在上市后便很快“原形毕露”，从而使这些被普遍看好的科技公司没能像预期的那样顺利进行 IPO。

不过，这种“骑虎难下”的局面并不完全是灾难性的。只要这些独角兽公司能够及时推出优质的产品，便很容易重获市场的认可和青睐，实现盈利。

因此，独角兽企业在经过一段时间的“野蛮成长”后，发展速度便会降下来。此时投资者开始理性看待独角兽公司的发展，而独角兽公司也需要及时推出新的成功产品或打造创新性的盈利模式，以重新赢得市场的信心。

◆ 独角兽企业危机爆发的信号

独角兽公司虽然面临着诸多压力，但并不意味着这类企业就无法实现自我的“突围”。一个明显的趋势是：随着互联网经济的深化发展，未来将涌现出更多的独角兽公司，很多独角兽也许会“死掉”，但也肯定会有很多成功的案例。而对于投资人和雇主来说，关键是要明确在独角兽公司遇到生存困境时，自己应该如何去做。

从具体发展来看，独角兽公司在出现以下状况时可能就意味着遇到了生存危机：

★ 不再雇佣员工：这表明公司遇到了发展瓶颈，难以继续实现规律性增长；

★ 社交媒体曝光率下降：作为初创企业的独角兽需要持续高频的社交关注来吸引资本和用户的注意，如此才能支撑自身的发展；

★ 当公司获得了1亿元融资而依然没有实现突破性成长时，在很大程度上就表明其当前的商业模式和运作形态已很难获得成功，这时就需要独角兽企业进行发展思维和模式上的变革重塑。

虽然独角兽公司的淘汰率极高，很多独角兽都倒在成长的路上；但同样不可否认的是，那些成功打造出可持续盈利模式和商业形态的独角兽，常常会获得巨大的成就。即便一时遇到了估值下滑等困境，这类独角兽公司也能凭借强劲的核心业务成功“突围”，实现自我的跨越式成长。

揭秘：独角兽为何会迅速跌落神坛

时下，“独角兽”这个词语频繁被业内人士提及。总是会有经济类报道公布这样的消息：某家公司成功获得上亿美元的融资，成为独角兽俱乐部的一员。

进入2011年后，不少具有发展潜力的互联网企业开始在国内市场上兴起，到 2015 年前后，这些企业的用户数量大都突破 1 亿人，虽然其中的大部分企业未成为上市公司，但很多都已经成功完成 C 轮融资，在激烈的市场竞争中经过了市场检验，并突显出自身的竞争优势，成为同类企业中的佼佼者，自然能够吸引投资者的目光，再加上自身运营能力的提高，其估值迅速上升，最终突破 10 亿美元。知名度较高的有蘑菇街、今日头条等。

另外，以滴滴快的、新美大为代表的部分移动互联网公司的估值早已突破 10 亿美元，用独角兽来描述这些公司已经无法准确体现其价值。例如，滴滴快的在 2016 年 4 月完成新一轮融资，规模超过 15 亿美元，其整体估值超过 250 亿美元。由此能够得出的结论是，从 2011 年至今，移动互联网企业的发展已经取得了不错的成绩。而今，不少移动互联网企业正准备上市，其中部分企业正在等待新三板的审批。

有一点需要明确的是，如今的创业已不同于传统模式下的企业发展，即便公司估值超过 10 亿美元，也并不意味着创业者就可以放松警惕，而是应该学会应对各种各样的问题。

在发展过程中，很多独角兽企业就面临着严峻挑战。以美国移动视频通信应用 Tango 为例，为了维持正常运营，公司于 2015 年下令裁员，停掉电商业务 TangoShop。而在 2014 年 3 月，该公司成功实现第四轮融资，阿里以 2.15 亿美元领投，总体融资规模达 2.8 亿美元，该公司也顺利成为“独角兽”。

除 Tango 之外，进入 2015 年后，不少位于美国硅谷地区的独角兽企业纷纷面临挑战，如 Flipboard、Evernote，还有 Dropbox。为此，不少业内人士就独角兽企业的瓶颈问题各抒己见，展开讨论。

从另外一个角度来分析，绝大多数已经成为互联网巨头的企业都是从“独角兽”发展而来的，如Facebook、Uber、谷歌等。这些企业在初期发展阶段的规模都不大，但在短期内实现了规模扩张，估值不断提高，成长为独角兽企业，最终发展为如今的互联网巨头。

通常情况下，初创企业成为独角兽之后，有三种走向：一种是获得更加长远的发展，以互联网巨头的姿态呈现出来；另一种是维持现有的竞争地位；还有一种是逐渐失去优势地位，在竞争中败下阵来，这与企业所属的行业发展形势、企业采取的战略规划、运营模式以及其本身的管理及执行能力等都有关系。

现在来分析一下，相比于Facebook、Uber、谷歌等互联网巨头，那些在后续发展中出现问题的企业，在哪些方面存在区别？从其现阶段的发展情况来分析，这些企业要想成为互联网巨头，是非常困难的。

因为这些企业虽然已经成为独角兽，但其外部都是更具实力基础的大企业，而企业本身并不具备颠覆传统行业的力量，无法独霸某个领域。待这些企业在某个细分领域进行了市场开拓，对消费者行为形成有效引导，众多互联网巨头便会蜂拥而入，凭借自身的实力优势吸引用户，使独角兽公司面临巨大挑战。

与此同时，独角兽本身也存在不完善的地方。这类公司在早期发展阶段主要通过免费服务来积累流量，用户规模增长迅速，等到公司发展成独角兽，其用户增长速度下降，大部分公司便开始推出收费服务。然而，企业本身的商业化能力十分有限，互联网巨头的免费服务方式也给独角兽的运营造成冲击。

Evernote就是因为上述因素最终陷入困境。当用户增长速度趋于下滑，来自外部的压力与内部的缺点同时显现出来，导致独角兽企业的营收能力无法与其估值水平相匹配。

除此之外，独角兽公司在资金支持方面也容易出现问题。进入2015年后，不管是美国硅谷还是中国内地，对于尚处发展过程中的企业，投资者都会综合考虑多方因素后再决定是否投资，在这种情况下，很多独角兽企业会在资金方面出现问题，也有部分公司的估值出现下跌。

当某家企业成长为独角兽，是在原有基础上进行持续性发展，还是会面临挑战，最关键的是看该企业是否拥有足够的市场空间，是否面临巨大的外部压力。在应对挑战的过程中，企业应该充分发挥创新能力，推出新产品，也可以通过自身探索开发新的市场空间，避免与巨头企业正面迎战。

不过，企业也可以维持现有的竞争地位。在产品方面突出自身竞争优势，增强用户黏度，从容应对巨头公司的挑战，聚焦于细分领域的开发，不断提升用户体验。

资本寒冬下，创业者需要注意什么

谈及资本寒冬，很多创业者都会闻之色变。资本寒冬来了，说明投资者的投资意愿开始下降，企业融资越来越困难。在这种情况下，越来越多的初创公司开始关门、倒闭，一些独角兽也不能幸免于难。或许有些草根群体能展现出顽强的生命力，但对于绝大多数创业者来说，还需重新对创新项目进行规划、设计。

◆ 美国独角兽企业遭遇估值缩水

2015年11月24日，美国电子商务公司Jet. com宣布融资3. 5亿美元，估值15亿美元。作为一家连续亏短的初创公司，能获得3. 5亿的融资实属不易，但这无异于杯水车薪，对于公司预计的融资目标来说相差甚远。

各种事实证明，投资者的投资决策越来越小心，投资意愿开始下降，资本寒冬正在逐步逼近。而面对资本寒冬，有些独角兽企业或许将遭受灭顶之灾。

先是富达投资等多家共同基金减轻了其手中的私有科技公司股票的估值，这些公司中的大部分都是“独角兽”（虽未上市，但其估值超过了10亿美元）。例如，云存储公司Dropbox、阅后即焚聊天应用Snapchat、软件公司Zenefits、数据库公司MongoDB等，富达投资毫不手软，将其估值分别减记了20%、25%和50%。

同时，那些未上市之前估值很高的公司，上市之后的估值则严重缩水。例如，2015年9月刚刚上市的Square公司，这家移动支付创业公司在私有市场的估值近120亿美元，上市之后的估值为40亿美元，缩水了近2/3。除Square公司之外，遭遇缩水融资的公司还有很多，如Etsy，相较于2015年4月时的股价，其9月的股价已经下跌了70%。

很多曾在独角兽公司注资的投资者都持有一种观念：新一代的科技公司将颠覆传统的科技公司，成为新时期的霸主，但事实并非如此。亚马逊、谷歌、Facebook这些老牌企业在不断地与时俱进，在保持稳定增长的同时还在不断地创新，在新的市场上抢占份额，给创业公司造成了很大的压力。例如，亚马逊体量庞大、进展神速的云计算业务给Dropbox造成了很大的压力；Snapchat也将直面实力强大的Facebook的挑战。这些老牌企业不仅没有在新一轮的科技风暴中被淘汰，反而有了更好的发展，这是投资者们万万没有想到的。

◆ 中国市场上的企业合并风潮愈演愈烈

在中国，面对资本寒冬最常见的做法就是抱团取暖，也就是企业合并。在国内市场上，同质化竞争现象非常严重，面对这种情况，投资者对互联网企业提出了新的要求：暂停资本投入，终止亏损，设法盈利。为了尽快实现这一目标，互联网企业最好的做法就是合并。于是，大众点评和美团合并、58 同城和赶集网合并、滴滴打车和快的合并、携程旅游和去哪儿网合并……企业合并风潮在我国市场上愈演愈烈。

近年来，在投资者的纵容下，很多独角兽都习惯了通过烧钱来抢占市场份额。独角兽的这种习惯在很大程度上是投资者养成的。在创业早期，很多投资人都会对创业者进行教育，教育内容主要是采取什么样的方法才能拿到下一轮融资。受这种教育的影响，创业者的关注点会偏离真正的创业逻辑，金玉其外、败絮其中，在资本寒冬下根本不堪一击。

◆ 虚高估值导致的运营风险

在独角兽身上，除烧钱之外还有一个更让人痛恨的行为：虚增估值，对局外人产生误导。独角兽们为了能让自己的估值层层增加，彰显自己良好的运营成果，会应投资者的要求在股票中附加一些特权。

例如，如果投资者花费 1 亿美元从某个公司购买 10% 的股权，就表示这个公司的估值应该是 10 亿美元。但为了保证自身利益，投资者会附加一些特殊条款（索要“清算优先权”、承诺投资回报等条款），最终获得融资的企业估值很有可能低于 10 亿美元。但是企业在对外宣传的时候不会公开这些内容，依然会以 10 亿估值做噱头进行宣传。而投资者由于其自身利益没有受到损害，也乐见其成。

在某些情况下，投资者为了维护自身利益还会要求企业签订“棘轮条款”，如果创业公司在上市之后的估值下滑，投资者有权利获取额外的股票作为补偿。Square 就是如此，上市之后估值下滑，投资者获得了额外的股票作为补偿，其自身利益没有受到丝毫损害。但是对于初创企业的员工来说，这种附加条款使得他们手中的股票价值缩水，严重损害了他们的利益。

那些初出茅庐的独角兽之所以能够持续运营，无所顾忌地依靠烧钱来抢占市场，在很大程度上是受融资的影响，这些企业能轻易地获取高额融资，使实力强大的公司难以招架，不得不压缩利润来应对这种竞争。如果投资者的投资意愿有所下降，在投资的时候能够小心谨慎，便会使这种恶劣的市场状态得以改变，从而营造出一个更加健康的市场环境。

对于轻易地从投资者手中获取融资的创业者来说，如果不能积极地调整创业态度、端正创业理念，最终将不可避免地走向失败。但是如果一个企业的发展理念和发展态度都很端正，这将是一个很好的发展机会。例如，谷歌就在.com 泡沫破灭之后收纳了很多工程师，为其后来的发展提供了充足的人才；再如，Airbnb 公司目前手中的现金大约为 20 亿美元，而它每年的花费仅为 1 亿美元。对于 Airbnb 来说，面对资本寒冬也没有什么可害怕的。但是对于那些烧钱换来虚名的独角兽来说，在资本寒冬下将必死无疑。

重生战略：独角兽企业的生存法则

在短短一年的时间里，美国三家云存储及协同办公领域的独角兽的衰败与崛起引发了社会各界的广泛关注。估值突破百亿美元大关的 Dropbox 在陷入停滞期后，估值几乎呈断崖式下跌。号称全球最大的云笔记服务公司 Evernote 在其创始人 CEO 菲尔·里宾（Phil

Libin）离职后就一直处于下滑状态，在一年的时间里，核心管理层频繁更替。定位为企业级协同办公及社交的产品 Slack，用不到两年的时间估值就达到了 28 亿美元，2016 年 3 月却又开始筹备启动第三轮融资。

那么，对国内的独角兽企业而言，如何才能避免衰落，或者在衰落之势呈现之时获得重生呢？下面，我们就以云存储及协同办公领域的运营为例，进行详细分析。

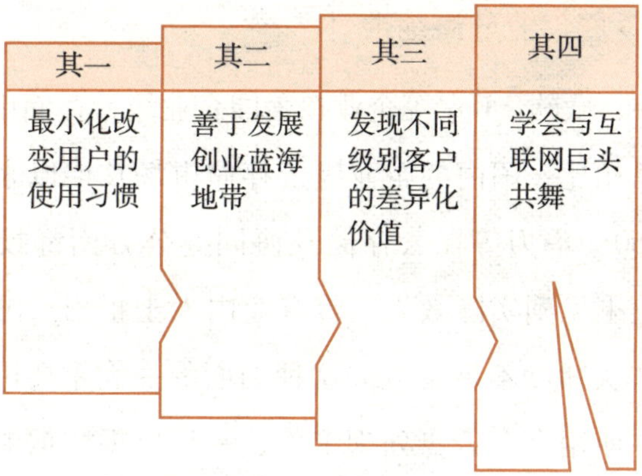

图 5－2　独角兽企业的生存法则

◆ 最小化改变用户的使用习惯

与欧美企业较高的信息化发展水平相比，国内企业对信息化的运用仍处于初级阶段，大部分员工们尚未培养起 IT 服务的使用习惯，Office 和 QQ 是国内企业中最为常见的信息化工具。想要让在线协同工具真正发挥出预期效果，最为关键的就是培养起员工的使用习惯。

但在我国，改变用户的使用习惯绝不是一件简单的事情。不难发现，我国市场中普及速度相对较快的产品，往往是那些对用户习惯的改变程度相对较小的产品，而类似在线协同工具这种新兴的工作方式的普及推广存在着较高的难度。

在目前市面上的几种在线协同工具中，Dropbox 对用户习惯的改变相对较小，其仅需要在终端上安装一个文件同步端即可实现企业组织内成员之间的高效协同，很多员工甚至在平时的工作中都感知不到其存在。因此，国内创业者需要尽可能地使自身的产品最小化改变用户的使用习惯，逐渐对目标群体施加影响。

◆ 善于发展创业蓝海地带

和 Google、微软、Box 等企业在美国企业级云存储市场掀起的一轮轮惨烈厮杀相比，国内的企业级云存储市场长期以来一直不愠不火，百度、360、华为等在云存储及协同办公方面都投入了不少资源，但却一直未见到实际效果。曾有业内人士指出，国内企业对自身的数字资产认知度不足是造成这种局面的一大重要因素，许多企业的员工仍在使用个人云盘处理工作，一旦出现数据泄露很可能会对企业造成较大的损失。

从 Google Docs 到云笔记，再到微软 Office365，在线办公产品从 PC 端向移动端，甚至是全平台演进，未来云端文档将会成为企业办公的主流方式，这需要国内的创业者抓住这一重大发展机遇，力争在国内即将迎来的企业级云存储及协同办公的巨大浪潮中实现跨越式发展。

◆ 发现不同级别客户的差异化价值

近两年，国内许多云服务企业将目标群体放在了中小型企业级客户上。我国存在着大量的中小企业，而且它们也不像大型企业一般对产品有着极为严格的限制。但由于中小企业客户的需求相对较为简单，行业门槛相对较低，当大量的商家同时涌入时很容易引发激烈的价格战。

大型企业虽然门槛相对较高，但只要在该领域立足后，往往很难被超越。更为关键的是，大型企业对产品和服务的需求十分多元化，商家可以通过提供数据安全、信息集成等多个方面的增值服务来获取高额的收益。此外，大型企业客户还能为商家提供较强的品牌背书，从而为自身向其他领域拓展提供强有力的支撑。

◆ 学会与互联网巨头共舞

国内市场中，绝大多数的互联网创业者都很难绕开“BAT”三巨头。近两年，感受到来自国内与国际双重压力的 BAT 逐渐加快了其在企业级在线办公市场的布局进程，如腾讯大力推广其微信企业号；百度上线云加速 3.0，布局“泛安全”产品；阿里推广企业在线办公及社交产品钉钉等。

这对于国内的创业者而言，企业级云服务市场反而存在着较大的发展机遇。BAT 的着眼点往往是生态系统、产业链、大平台等，对于单一的产品他们可能并不太感兴趣。从整个行业发展来看，BAT 加速企业级市场布局给诸多的国内创业者带来了以下三个方面的优势：

★ 有力地推动了国内企业在线办公服务的推广普及；

★ 使不同类型的在线办公产品能够与潜在有需求的企业实现高效对接；

★ 在 BAT 三巨头中，腾讯微信企业号和阿里钉钉都是想要在社交及通信领域打开在线办公市场，二者掀起的是一场需求频率最高的入口之争。创业者如果能开发出与二者在产品形态上进行有效互补的产品，必将能从中获取巨额的收益。

近两年来，盲目跟风式的国内创业者在经过2015年下半年的资本寒冬后已经渐趋理性，大量创业公司的集体衰亡也使得投融资机构的动作更为谨慎。国内的市场环境和消费需求与美国市场存在着一定的差异性，相关的创业者在结合上述策略的同时，还要根据自身的发展情况及目标群体的消费需求进行相应的调整，以为用户创造价值为导向，通过对产品进行优化改善建立起强大的核心竞争力。

【案例】"独角兽之死"背后的反思

在创业热潮席卷全球的背景下，国内外市场中以Facebook、Uber、小米为代表的独角兽们在各自从事的领域呼风唤雨，一时间风光无限，引起了社会各界的广泛关注。但在这背后还存在着一些曾经无限风光，如今却身价大幅度缩水甚至濒临绝境的前独角兽。通过研究这些独角兽陨落的原因，可以让国内的创业者和企业管理者从中得到一些启示，从而在迈进独角兽行列的过程中少走一些弯路。

◆ Dropbox

事实上，在Dropbox发展初期，随着互联网的不断渗透，协同办公需求正迎来爆发式增长，Dropbox仅通过一个小巧易用、操作便捷的文件同步客户端就赢得了海量消费者的认可，随后在用户的口碑营销下，Dropbox实现了跨越式发展。

从本质上来说，Dropbox的崛起是得益于PC互联网向移动互联网转型所产生的红利。随着这种红利的逐渐弱化及同品类产品的出现，创新不足的Dropbox未能及时创造出打动消费者的产品及服务，从而导致了其转型的失败。

此外，Dropbox 想要转型企业级文件管理服务时，又遭到了专注于企业级市场的同行业竞争对手 Box 的狙击。虽然 Box 在用户规模上处于弱势地位，但其专注于细分市场，并在发展过程中建立了相当稳定的客户关系和足够的技术优势。

Dropbox 前期的迅速增长，使其没有注意到企业背后所隐藏的一系列危机，错过了充分利用短暂的黄金发展期建立更高行业门槛的重大机遇，随后在大量创业者的不断涌入下，云存储及协同办公市场成了一片红海。

◆ Evernote

被社会各界广泛关注的 Evernote 即便如今已经江河日下，也仍有大量的消费者对其产品存在着某种情怀，从这一角度上来看，Evernote 和诺基亚手机的经历颇为相似。Evernote 在刚推出时堪称跨时代之作：内容为先、完全云端化、更为便捷的文档编辑。在品牌定位方面，Evernote 的处理十分精妙，其定位为“用户的第二个大脑”，帮助人们存储自己碎片化的信息和奇思妙想，有效避免了与微软的 Office word 的直接竞争。

但在 2012 年 Evernote 发展成为独角兽后，其在市场拓展方面显得有些操之过急，缺乏对产品的专注，相继推出了记录美食的 Evernote Food 及电商平台 Evernote market。当时势头正盛的 Evernote 这一系列举动，反而被外界认为是其具备创造力的表现。

但 Evernote 在创始人离职宣布转型为天使投资人后，其发展情况越来越差，开辟的新领域并未给企业带来足够的收益，而且由于资源和精力的分散导致其核心产品在市场竞争中也丧失了领先优势。

云笔记产品在未来具有广阔的发展前景，随着移动互联网的不断渗透，它将成为人们记录自己创造的内容的主要形式，结合智能语音、扫描等技术，用户可以十分方便地将资料存入云端服务器，并随时随地对其进行编辑。Evernote 核心管理层野心过于膨胀，使一个未来很可能成为巨头的“潜力股”沦为了“垃圾股”。

◆ 豌豆荚

2016 年 7 月，豌豆荚被阿里以 2 亿美元收购的消息在朋友圈中刷屏，一时之间在各大社交媒体平台引发了热议。事实上，两年前阿里就曾向豌豆荚开出 15 亿美元的收购价格，但当时豌豆荚发展势头正盛，在应用分发市场占据了超过 50% 以上的市场份额，而且其在用户体验和品牌影响力方面远高过 2013 年被百度以 19 亿美元收购的 91 无线，这种价格自然无法被豌豆荚管理层及其投资人接受，收购最终不了了之。

在这之后，豌豆荚被收购的消息接连不断，腾讯、联想等巨头都曾被媒体认定为其收购方。豌豆荚核心管理团队多次在公开场合表示，公司将会长期保持独立运营，没有寻求收购的打算，不会走 91 无线的老路。但如今豌豆荚以 2 亿美元卖身阿里，向我们传递出的无疑是一个悲伤的故事。其没落的原因主要包括以下几个方面：

1）互联网巨头的不断蚕食

在移动应用分发领域，百度在 2013 年通过收购 91 无线完后打造出了百度手机助手；360 在 2012 年上线了 360 手机助手；腾讯方面则有经由腾讯应用中心 Android 平台软件演变而来的应用宝，这三者不但有强大的资金作为支撑，更有强大的入口级产品为其源源不断地输送用户流量，在百度搜索引擎、360 安全卫士、微信的不断影响下，豌豆荚早期积累的领先优势逐渐消失殆尽。

2）人人持股引发的内斗问题

从豌豆荚以前的招聘信息来看，与绝大多数的互联网公司所不同的是，豌豆荚各个岗位上的员工，甚至新员工都能获得一定比例的股权。一般情况下，企业的股权激励通常发生在创业的初期阶段，而且基本上是核心创业团队才能获得股权激励。有媒体曾指出，豌豆荚内部采用人人持股的激励政策，而且期权池也远高于大部分企业设定的10%～20%。

实施股权激励的目的通常是为了吸引人才，但这需要有相对完善的制度作为支撑，从而有效解决员工离职时的期权行权问题，但豌豆荚显然在这方面有很大的欠缺，其由于高管离职时所涉及的股权继持有问题引发了严重的内部矛盾，这对于人才驱动的互联网企业而言无疑是一次严重的打击。

3）手机品牌的深度闭环

随着国内互联网公司纷纷切入手机市场，国产手机在应用分发方面的用户体验得到了进一步加强，为了打造闭环生态，手机品牌商开始自建应用商店。目前，360、小米、华为等建立的移动应用分发平台都可以充分满足用户在娱乐及生活服务方面的各种需求。在这种情况下，既然消费者可以用手机自带的应用商店下载所需的产品，谁还愿意再花流量去下载其他商家的产品呢？

此外，由于在社交、搜索、电商等领域的入口已经被巨头垄断，以华为、乐视、小米、魅族为代表的国产手机品牌纷纷将移动应用、分发应用作为未来的入口级产品进行布局，在吸引更多人才改善自身产品的同时，还以利润分成的形式吸引更多的开发者为其提供优质的应用产品，据小米发布的数据显示，仅在2014年的前10个月，其应用平台上的开发者就获得了超过3.6亿元的分成。这显然不是缺乏巨头支持的豌豆荚所能提供的。

4）转型方向出现问题

内外交困的豌豆荚显然不愿意坐以待毙，其在2013年就开始向移动内容搜索转型。当然，从转型时机上来看，豌豆荚的转型还算及时，但其转型方向却出现了严重的问题，对用户而言，内容搜索不过是让他们可以更加方便地寻找自己需求的应用产品，而让他们在上面搜索视频、新闻、音乐、图书等内容资源在逻辑上就不具备现实基础。

我们可以想象一下，即便是360安全卫士推出视频搜索、电子书阅读等功能，又有几个用户会去使用这种功能，而且加入这些功能很可能会损害其在用户心中的地位，人们会质疑其对产品的专注度，这显然是得不偿失的。

◆ 凡客

2009—2012年，是凡客最鼎盛的时期，其员工总数曾达到13000人以上，其产品也以独特的风格而被学生群体和普通白领所青睐。这种迅猛增长的发展势头在资本市场也得到了一致认可，其巅峰估值高达30亿美元。30多条产品线，超过亿元的销售额等数字，无疑向外界展示了其强大的发展能力。从辉煌到衰落，凡客走下神坛的主要原因在于：

1）盲目扩张

令人感到惋惜的是，凡客的迅速发展使其内部滋生了盲目自信，在将销售额保守设置为60亿元后，又将其设定为100亿元，甚至开玩笑般地表示要收购LV后将其产品一件只卖50元，这种盲目扩张使其内部的管理体系受到了巨大的冲击。

令人感到十分疯狂的是，凡客竟然为了实现年度销售目标，去推算自己要重开多少条新的产品线，增加多少个 SKU，招募多少新员工来进行生产、营销等。在这种局面下，凡客内部的管理体系被彻底击垮，员工最多的时候，仅副总就有数十个，总监则达到了 200 多个。

2）对产品缺乏专注

凡客早期的发展除其产品较高的性价比之外，服装产业整体的爆发式增长在其中扮演了十分关键的角色。由市场研究机构发布的数据显示，2009 年服装行业整体毛利润为 14.49%，一年时间里国内的服装生产企业就增加了 1177 家，但到了 2011 年国内 7545 家服装企业集体死亡。

此时的凡客没有认识到移动互联网时代的产品追求小而美，强调“匠人精神”。当凡客创始人陈年的好友雷军带着几十款手机对其分析其中的差异时，并未触动企业正处于疯狂增长期的陈年。对于凡客的这种状态，雷军曾对陈年表示，凡客这种发展模式是传统企业的做法，未来的企业应该像小米一般通过对产品的专注，对消费需求的把握来创造价值。

为了回应雷军，陈年曾于 2013 年清空了办公总部的半层楼，全部放上了凡客做出的产品，但当陈年真的带着雷军参观这些产品时，他心中产生了强烈的愧疚感与挫败感，这些产品竟然没有一个能真的拿得出手。雷军当场就表示，感觉自己不是来到了一个品牌店，而是来到了一个百货商场。

◆ 1 号店

在经历多次易主后，以“网上超市”成名的 1 号店开始走向衰落。从平安集团到沃尔玛，再到京东，一次次的股权变动，致使 1 号店的核心创业团队接连出走，创始人于刚与刘峻岭也在 2015 年 7

月一起出走。2016 年 6 月，沃尔玛战略入股京东，1 号店也作为合作的附加条款，加入京东。

1）股权结构不合理

1 号店今天的结局，也许早在创业之初就已经埋下了种子。2008 年成立的 1 号店创立之初的融资完全来自于创始人于刚与刘峻岭，在发展初期烧光启动资金后，为了维持生存，1 号店以 80% 股权的代价从国有企业深圳平安手中获得了 8000 万元。

从投资方平安来看，其明显缺乏电商基因，而且其作为一家国有企业也绝不可能在 1 号店与各大电商平台的竞争中，拿出真金白银来打价格战。从 1 号店本身来看，将 80% 的股权出售给一家并不了解电商的投资机构绝非是明智之举，虽然平安表示不会参与实际运营，但没有了绝对控股权的领导者在资本游戏面前基本上毫无话语权。

2）供应链建设相对落后

本来全球零售巨头沃尔玛入主 1 号店是一个双赢的选择，遭遇线上电商平台的沃尔玛正急于拓展线上业务，其在中国市场通过拓展 1 号店来探索线上与线下结合的 O2O 模式，并将其复制到全球市场，最终可以获取巨额的收益；1 号店本以为有了沃尔玛的资源支持，正准备放手一搏，与京东、苏宁等平台一较高下。

但在沃尔玛接手后，1 号店仍未重视供应链及其配套设施的建设。以物流仓储为例，网上超市销售的牛奶保质期较短，而且在运输过程中容易受损，必须要有完善的仓储及物流设施提供强有力的支持。

但 1 号店在物流仓储建设上投入的资源明显不足，其在全国拥有的仓储总面积不足 30 万平方米。1 号店更多的是选择大量租用仓库，但与自建仓库相比，企业在装修、设备配置等方面的积极性明显不高，这严重制约了1号店供应链的自动化水平。

京东在全国拥有的仓储设施总面积为150万平方米，素来讲究控制成本的亚马逊在中国的仓储总面积也有90万平方米。在京东决定拓展线上超市业务时，曾有高管向刘强东反映这类产品客单价低，对物流仓储的要求相对较高。刘强东对此的回应是：“必须能做，投入再大的资源也要做，不能做就走人。”

◆ 人人网

2011年如日中天的人人网在纽交所上市时，估值高达55亿美元，其未来的发展前景可谓是一片光明，甚至部分媒体将其称为“中国版的Facebook”，但如今的人人网估值严重缩水，2015年人人网黯然退市。被用户抛弃的人人网，走向失败几乎已经成了必然的结局。人人网跌出独角兽行列的因素主要包括以下几个方面：

1）缺乏有效的内容生产机制

作为一款社交产品，一旦在内容生产方面丧失了优势离失败也就不远了。定位于学生群体的人人网本应该在学生群体这一细分领域精耕细作，以浓郁的校园文化来带动用户生产优质内容。从市场细分的角度而言，人人网如果能够专注于校园市场，未必不能与微信、微博三分天下，就像阿里之下的京东、唯品会、蘑菇街等电商平台一般凭借对细分市场的专注逐步发展壮大。

但其却在根基未稳之际，将范围从学校扩展至社会层面，在微博崛起时，人人网将资源过度投入到了新闻内容方面；在微信崛起时，人人网又去模仿微信，但阿里的来往与网易的易信的惨痛教训，无一不向我们证明了真正能够打败微信的绝不可能是另一个微信。

体验过人人网产品的用户应该不难发现，人人网与同为社交产品的微信、微博相比，其在内容生产方面差得太远。其本身可以通过吸引大V、知名校友等优质内容生产者入驻平台来发展粉丝经济，但却为校园红人设置了1000人的好友上限，这在很大程度上导致人人网平台无法创造出真正的意见领袖。后来，醒悟过来的人人网开放公众主页后，却为时已晚，已经被强大的微信、微博远远甩在了身后。

此外，人人对原创内容没有建立完善的保护机制。人人网中超过90%的内容是来自于微信、微博、知乎等平台，明显缺乏优质内容，很多用户发现自己发布的一些内容被平台中的其他人完全复制过去后，阅读量和点击量竟然比自己的还要高，长此以往，很难会有用户愿意在人人平台上发布原创内容。

2）产品体验不佳

移动互联网时代的产品尤其强调服务体验，但人人网却没有认识到这一点。许多用户表示，自己与人人网平台上的好友聊天时，会时常出现接收不到聊天信息的情况。人人网用于接收消息的功能最初有留言、站内信，后来又加入了聊天及私信，对这个功能定位混乱，给好友发送的消息，甚至会同时出现在留言及私信中。

另外，人人网向用户强制推送广告内容，在人人网上点击类似“人人逛街”这种官方账号发布的信息后，后台会自动让用户成为其关注者，如果用户没有及时发现并取消关注，只要这些账号发布信息，后台就会通过“新鲜事”功能将这些信息发送给用户的每一个好友。

3）横向投资策略牵扯了人人网的精力与步伐

除创建人人网以外，陈一舟在投资领域收获颇丰，但其思路却并非是像Facebook一般通过收购与社交相关的产品来巩固自身在社交领域的领先优势。

Facebook 收购了 Instagram、Whats App、Oculus，甚至也将眼光瞄向了 Snapchat，这些产品都是在社交细分市场中未来可能会对 Facebook 形成威胁的产品，将其纳入麾下后，不但减少了未来被它们颠覆的风险，还能构建强大的社交生态，进一步巩固 Facebook 在社交领域的优势。

而人人网的投资却只是为了追求短期的盈利，范围涉及游戏、团购、视频、电商、旅行等多个领域，表面上看确实投资 56 网、唯品会、糯米团购（百度糯米的前身）、艺龙旅行网等为其带来了一定的收益，但与专注于社交领域，通过构筑护城河打造出社交巨头相比，这点利润不过是九牛一毛。

Part 2

产融结合

寻找下一只独角兽

第6章 中国经济新引擎：构建产融结合新模式

产融结合：实业与资本的无缝对接

“互联网+”对金融与非金融领域边界的模糊甚至消解，推动了各类创新型合作模式的不断涌现，从而对传统的“产融结合”模式形成了变革。不论是互联网金融对传统金融形态的颠覆，还是传统金融服务机构的转型创新，都绕不开产融结合的元素。

实体产业、金融业、互联网的多层次交互式融合为产融结合模式创新提供了方向指引和想象空间，从而开启了一个产融结合的新时代。

什么是产融结合

产融结合是在市场经济发展到一定程度后，产业资本为达到经营多元化和资本虚拟化，通过与金融资本的多形态联结融合来提升资本运营能力和水平的一种方式。这种结合形式包括资本联系、信贷联系和资产证券化，以及由此引发的两者在人力、资本、信息等方面的相互渗透与融合。

具体来看，可以从以下几个方面理解产融结合：

1）产融结合是指实体产业与金融产业在共同目标和整体效益的推动下，以相互参股、持股、控股和人事参与等方式实现内在结合或融合，具有渗透性、互补性、高效性、组合优化性、双向选择性等特点。

2）广义来看，产融结合是指产业资本与金融资本或者工商企业与金融企业之间的结合与互动，包括股权融合、业务合作等多种形式。

3）产融结合是指产业部门和金融部门借助股权渗透的方式，实现彼此之间资本的直接融合与相互转化。如信贷资产的证券化。

4）产融结合是指工商企业和金融企业之间通过稳定密切的联系实现资金、股权、人事等方面的相互融合与共同生长。20 世纪 80 年代中期的银行体系改革标志着我国开始探索产融结合的模式。

5）产融结合是指随着实体产业与金融产业联系和协作的不断深化，双方在资金、资本、人事等多个方面互相渗透到对方领域，进而呈现出一种产融实体的发展现象和趋势，是市场经济发展成熟的必然结果。

6）产融结合是指产业部门与金融部门之间资本的相互结合关系，不同的历史时期或市场环境下这种结合有着不同的表现形态。

成功的产融结合模式绝不是简单地把产业资本和金融资本置入同一个主体之下，而是要使两者实现一种深度联系与互动，以借助金融资本强大的运作能力提升产业资本水平，同时又通过产业资本的价值创造能力实现金融资本的升值，最终形成一种螺旋上升、相互增强的良性循环。

◆“互联网＋”时代的产融结合新趋势

1）从“产业主导”到“创新驱动”

以往的产融结合是一种“产业主导”模式，即企业所处的整体产业基础决定了其能够采用的产融结合战略和模式。不过，“互联网＋”时代下，信息技术的发展成熟为探索产融结合的创新形态提供了巨大的想象空间。

企业为了实现自身的转型升级和跃迁式发展，不断探索基于新型信息技术的现代金融体系与实体经济之间联系、融合与互动的新路径，以化解融资和风控难题，构建金融资本与实体产业之间的良性互动、相互增强、螺旋上升的产业发展新形态。

“创新驱动”的产融结合模式，能够借助高度开放、共享、协同的互联网渠道平台，实现金融产业与实体产业的优化互补和高效协同，从而既有效降低实体经济的金融风险，又使产业可以从金融领域获得更多的利润回报，最终达到“金融疏通血液，产业提供利润”的最佳状态。

2）从“由产而融”到“跨界融合”

产融结合大体包括“由产而融”和“由融而产”两种形式。由于我国在政策上不允许银行业从事实业投资行为，因此国内传统的产融结合模式主要是“由产而融”，即产业集团借助金融工具为企业的并购重组或业务拓展提供资金支持。

不过，“互联网＋”时代的到来推动了产融结合从以往的“由产而融”转向“信息经济＋实体经济＋金融经济”的多向跨界互动融合。

一方面，银行、证券、保险等金融服务企业面对互联网信息化革命的大势，积极主动地参与到互联网企业等新兴产业的发展之中，或者努力构建互联网金融平台，提升自身的金融服务能力和水平；另一方面，诸多新型互联网企业也突破了产业边界，不断通过功能创新跨界布局金融服务领域，从而强化了金融经济与实体经济的互动、渗透、融合。

3）从“规模经济”到“普惠金融”

传统商业时代下的产融结合，是企业发展到一定程度后实现经营多元化和资本虚拟化的重要方式，是大型集团企业通过产业资源和品牌优势支持金融资本的发展，然后以金融资本为依托助力产业资本的跨越式提升，进而打造出极具竞争优势的“规模经济”。

与此不同，在“互联网+”时代，“大众创业、万众创新”的新常态则推动了互联网普惠金融的发展。传统金融业的服务门槛高、覆盖范围小，主要面向的是大型化、集团型企业，因此产融结合也表现为一种“规模经济”形态；而互联网普惠金融体系的不断优化成熟，则将更广泛的中小企业纳入了服务范围，从而解决了中小企业的融资难题、深度激发出市场活力，实现了更深度、更普惠的产融结合。

4）从“资本融合”到“知识融合”

传统“产融结合”模式主要是通过金融力量的介入，提升产业资本的运作能力和水平，侧重于“资本融合”。“互联网+”时代的产融结合则超越了资本结合的简单形态，深化为实体企业与金融机构之间的信息、人才和知识方面的共享共融。

金融机构为企业提供投融资、信息搜索等诸多金融业务服务，同时企业也满足了金融机构对行业、市场等方面的信息诉求，从而实现了信息、人才、技术、知识等方面的融合互补。

在“知识融合”中，数据信息成为重要资源，对大数据信息的获取、整合、分析和挖掘能力是产融结合发挥最大效用的关键。通过与诸多行业的深度互动融合，互联网金融平台聚合起支付、投融资、信息搜索、信用评价等多种功能，金融服务超出了单一产业，呈现出跨界融合的特征。

5）从“闭环模式”到“开放经营”

互联网对传统生产、分配、交换、消费等各流程的变革重塑，弱化、模糊了企业内部的业务边界和企业之间的外部边界，进而推动产融结合由以往的“闭环模式”转为“开放经营”。

传统的产融结合是一种围绕核心企业、关注企业自身内部价值链各环节的“闭环模式”；与此不同，“互联网＋”时代下的产融结合模式超出了核心企业自身的业务价值链，上升为对整体产业链中企业之间的资源共享和价值传递，因此是一种具有开放、共享、协同特质的“开放经营”模式。

互联网以用户体验为中心的商业新思维，推动了企业传统价值链和核心价值环节的变革再造，即通过打造能够聚合更多资源、创造更大价值的开放性平台，来更好地满足用户需求，从而提升整体价值链的竞争能力。

杠杆的力量：产融结合的7步进阶

超级产融结合是借助金融领域的产品、信息、人才、服务等有效支撑实体产业的运作，实现对其价值链、供应链、产业链、生态链的变革再造，通过金融手段提升企业的资本回报与风险控制能力。

有数据指出，在世界500强企业中，超过80%的企业都采用了超级产融结合的发展模式。从超级产融结合模式逐步递进上升的七个阶段可以看出，金融的重要性不断提升，并最终发展为金融控股集团的终极形态。

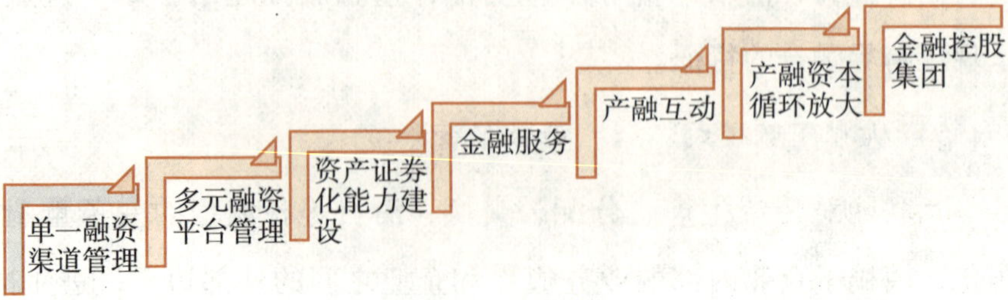

图6－1　产融结合模式的7步进阶

◆ 单一融资渠道管理

这是超级产融结合发展的最初形态。企业对资金有着迫切的需求，除通过自身积累以外，更主要的是以从商业银行借贷的方式进行外部融资，从而建立起基于债权债务关系的产融关系。对企业而言，此时要做的是维护好与银行的借贷关系并保持良好的信用记录；在融资方式上，则应注重长期和短期的贷款组合，并强化对融资和融资节点的管理。

单一融资渠道管理形式主要出现在计划经济背景下的企业发展中，容易造成对商业银行贷款的过度依赖，对国家的信贷政策具有很大的敏感性。在信贷政策比较宽松的时期容易获得贷款，而一旦政府收紧信贷，很多企业特别是中小企业便可能会因为无法从银行获得贷款而造成资金链断裂，极大地影响企业自身的正常运营发展。

从这个角度来看，这种超级产融结合形态容易受外部不可控因素的影响，风险和成本都很高。

◆ 多元融资平台管理

这一形式的超级产融结合为企业提供了更加多元的融资渠道。发债、典当、担保、借贷、金融租赁等充分满足了企业的多层次融资需求，使企业可以基于不同的业务需求选择最佳的融合方式或融资组合。

发债可以帮助企业直接从外部市场中筹集生产经营所需的资金，实现资金容量的拓展。例如，青岛港每年都会通过发行长短期结合的企业债形式为港口扩建提供有力的资金支持，因此虽未上市，但其成长速度、发展水平却并不弱于其他上市的沿海港口企业。

典当和担保的准入门槛较低，常常同时出现，是企业获得资金或金融收益的有效方式。典当一般针对的是企业短期的资金融通需求，可选择受理的资产范围十分广泛；担保的形式比较多样，有实力的集团化企业甚至可以成立专门的担保子公司，既为自身的业务拓展提供支撑，也可以通过为外部企业进行担保获取金融收益。

金融租赁主要是通过与其他业务进行配合实现价值创造。如与信托公司合作，负责对信托公司招募到的资金进行风险管控；还可以与实业配合，拓展业务产品的发展渠道，实现收益获取，如GE的装备金融租赁、宝钢集团的生产设备金融租赁等。

◆ 资产证券化能力建设

资产证券化（asset-backed securitization）是指依托特定的资产组合或现金流，将缺乏流动性的资产转化为可在金融市场中自由买卖的证券，从而提高资产的流动性、使企业成功获得融资的一种金融创新形式。

资产证券化是通过对企业自身资产或相关业务的置换，将凝固的资产转变成能创造更多收益的可流动证券的过程，有助于企业盘活固定资产，增强自身的资本运营和融资能力，如UPS采用的物流加存货投资的产融结合模式。

这一阶段的超级产融结合实现的路径包括信托、发债、IPO、股权融资、私募、借壳等多种方式。例如，山东鲁能集团就借助多种融资方式成长为具备银行、信托、证券、期货、保险代理等多种金融服务功能的全国性企业集团：是华夏银行的第二大股东、交通银行的第四大股东、湘财证券和蔚深证券的第一大股东。

◆ 金融服务

这一超级产融结合模式主要表现为借助金融领域的服务、工具、信息、产品、人才等各种资源为产业发展服务，依托金融资本的咨询服务功能再造产业资本，实现两者的紧密联系和深层互动。

以海尔为例，其在2002年成立的集团财务公司帮助企业实现了内部资金与外部银行资源的有效整合。这种以财务公司呈现的超级产融结合形态，犹如一个金融超市，既有企业自营的“产品”，也有外部合作伙伴的“产品”。

前者如吸收成员单位不低于三个月的定期存款、发行财务公司债券、同业拆借、为成员单位提供贷款和融资租赁服务、办理集团成员单位产品的消费信贷、买方信贷和融资租赁等；后者主要指财务公司代理同业拆借、银行贷款等外部银行的金融产品业务。如此，海尔的这一财务公司既可以通过内外部资源的优势互补为客户提供定制化的优质金融产品和服务，也借此实现了金融同业合作的共赢。

◆ 产融互动

这一阶段的超级产融结合打破了产与融之间界限分明、业务板块独立运作的形态，实现了产融的深度协同联动。一方面是“以融促产”，通过创投、并购、存量整合等金融服务提高企业固定资产的流通周转率，形成资本放大效应，为产业发展提供更有力的支撑；另一方面是“以产助融”，借助核心产业实现短中长投资的乘数效应，实现金融业务板块的升值。

以联想控股为例，其旗下包括联想集团、神州数码、联想投资、融科置地等在IT、投资、地产等产业领域极具影响力的领先企业，从而可以依托品牌和科技优势为投融资业务板块的成长发展提供便利；同时，金融业务的发展又带动了产业资本的发展和品牌影响力的提升，如此再通过产业资本助力金融资本的成长，从而形成一种相互强化、螺旋上升的良性循环。

◆ 产融资本循环放大

这种超级产融结合模式的代表是日本的综合商社，它主要是从经营战略、管理模式、市场营销、研发信息、组织运作等多个层面切入，构建产业资本、商业资本、金融资本三轮并转和循环放大的控股运作模式，进而成长为具备综合经营能力的财团经济。

◆ 金融控股集团

金融控股集团是超级产融结合的最高级形态，是一种“股权集中、分业经营”的模式。即一个法人金融控股集团内部有着诸多经营不同金融业务的法人子公司，这些子公司的股权都被集中于母公司手上，从而能够从战略上实现集团业务的统筹规划和布局；同时，子公司之间的业务运营又具有相对独立性，持有不同金融牌照、受不同机构的监管，互不干涉。

这种制度安排既保证了集团综合经营的优势，又在不同金融业务之间构建出有效的“隔离带”，最大限度地避免了金融风险的扩散。同时，金融控股集团模式还分为投资管理型控股、经营型控股等多种运营形态，并将随着整体金融监管环境的优化完善，朝着混业经营、综合监管的方向转变。

金融控股集团是以股权为纽带实现不同行业或业务跨界连接整合的超级产融结合模式，也是在全球经济一体化不断加快、加深的背景下，金融机构进行跨行业、跨地域并购布局，实现多元化、集团化经营的最佳路径。

金融控股集团模式是西方资本经济的最深刻体现。例如，美国的洛克菲勒、杜邦、得克萨斯等十大财团控制了本国最核心的企业；同样，日本的三菱、三井等六大财团，德国的西门子等几个重要财团，也都掌握着本国最重要的资产。

当企业多元化战略布局中下面的子公司做大做强以后，作为母公司的企业就会从大众视野中隐退，转而以财团的形式退居幕后，通过控股的方式间接操纵子公司的发展。如人们对GE这家全球领先的科技、服务和金融公司并不陌生，但却很少有人提及GE其实只是摩根财团旗下的一个子公司。

多元化、集团化仍是西方资本经济下企业发展的主要方向，只是随着相对独立的多元业务单元的做大做强，企业进入了产融结合的终极形态，即母公司隐退幕后，通过慈善基金、产业基金、信托机构等金融手段而非直接参与的形式影响子公司的运作。

总体来看，产融结合是从产业主导向金融主导逐步递进、实现“产”与“融”深度联系、互动、融合、协同的过程。可以分为两个层次：一是以经营协同为核心，通过产业助力下金融业务发展对经营成本的节约实现收益增值；二是围绕金融协同，产业组合所具有的稳定的现金流节约了资金成本，由此获得增值收益。

产融结合模式的根本目的是借助金融手段推动产业的跃迁式成长，因此产融战略的核心是产业经营的规模与稳定，即不同的产融结合模式需要以相对应的产业基础为依托。

国外产融结合商业模式及案例实践

管理学大师彼得·德鲁克曾指出，新时代的企业竞争已超越了单纯的产品比拼，演变成商业模式之间的竞争。产融结合作为一种行之有效的商业模式，也被国内众多企业所采用。

然而，由于对产融结合模式的内涵、本质、原理等缺乏精准深刻的认知，很多实体企业在涉足金融业务时都是机会导向型的，因此难以构建出有效的产融结合模式，自然也无法获得预期的效益。

可见，产融结合虽是一种有效的商业模式和发展战略，但也并非所有企业都适用。对此，我们可以通过分析国外比较成熟的产融结合模式和成功案例，更深刻准确地把握产融结合的内涵特质、价值路径，从而明确哪些企业比较适合这一战略以及不同企业应该如何选择更适宜的产融结合业务和路径等内容，进而为国内企业的产融结合战略提供启发和借鉴。

西方发达国家的产融结合发展很早，并经历了融合、拆分、再融合的阶段。有关资料显示，早在 19 世纪末，欧美等国就放开了工商企业和金融机构之间互持股份和跨业经营的限制；同时，由于当时银行对产业发展和整合具有很强的影响力，因此这一阶段的产融结合主要表现为“由融而产”，形成了美国洛克菲勒、摩根以及日本三井、三菱等一批企业集团。

20世纪30年代全球经济危机后，美国政府开始对金融机构与工商企业间的市场准入和相互持股进行限制，从而制约了“由融而产”的模式。不过，以通用电气为代表的大型企业却开始向金融业务进发，从而推动了“由产而融”模式的发展流行。到20世纪70年代，产业集团设立专门的金融部门甚至创办金融公司，已成为美国企业发展的一种常态。

20世纪80年代，由于欧美等国重新放宽了金融管制，金融资本再次大规模涌入产业资本领域，金融混业和跨界经营再度盛行。面对金融资本的挑战，从90年代开始大部分美国产业集团都开始采用基金、信托等形式进行体外融资。不过，2008年全球金融危机的爆发又使得一些产业集团退出金融领域，将重心回归到主业上。

◆【案例1】卡特彼勒：“设备制造+设备金融”模式

成立于1925年的美国卡特彼勒公司（Caterpillar）是世界上最大的工程设备制造商。1981年公司成立了全资子公司卡特彼勒金融公司，并于两年后开始围绕自身核心业务提供相关金融服务：零售金融服务和批发金融服务，前者是为购买卡特彼勒公司产品的客户提供设备融资服务，后者则是为公司产品的经销商提供应收款或存货融资服务。

由于金融服务是基于公司核心业务展开的，因此在产业部门的助推下，卡特彼勒金融公司获得了快速成长；而金融部门的发展强大又反过来为产业部门提供了更好的金融支持，从而形成了“以产促融、以融助产”的良性循环。

数据显示，2008年卡特彼勒金融公司创造了5.8亿美元的营业利润，占卡特彼勒集团总营业利润的13%。同时，金融业务的发展也帮助产业部门构建出了“销售+金融服务”的创新性产品营销模式，从而既获得了更多收益，也增强了产业部门业绩的稳定性、持续性。

◆【案例2】UPS："物流+供应链金融"模式

1907年成立的UPS是全球最大的物流快递企业。1998年，UPS成立了子公司UPS资本（UPS Capital，UPSC），开始涉足金融服务业务；2001年5月，UPS收购了美国第一国际银行，将其与UPSC进行整合，以此获得了美国本土的金融业务牌照。当前，UPSC已从最初为客户提供存货融资、应收款融资等供应链金融服务，拓展到信用保险、货物保险、中小企业贷款等更广泛的金融业务。

经过100多年的发展，UPS在全球200多个国家和地区建立了业务，成为世界上最大的快递承运商和包裹递送公司，这使UPSC的供应链金融业务能够在UPS物流业务的支持下有效降低风控成本，建立起供应链金融业务优势。同时，UPS还向客户让渡出了一部分风险成本，以抢占更多的市场份额，并通过物流衍生服务获取增值收益。

◆【案例3】沃尔玛："零售+消费信贷"模式

作为世界零售连锁巨头企业，沃尔玛一直在探索"零售+消费信贷"的产融结合模式。根据公司推算，如果沃尔玛自己为客户提供消费信贷服务，那么就可以共享公司的零售业务推广渠道、客户信息和支付系统，如此将会大大节约信用卡推广、客户信息管理和支付系统运营等方面的成本，使信用卡的费率从2%降至1%。

同时，沃尔玛还把节省的1%成本让渡给了消费者：2005年推出的"发现卡"，具有类似于信用卡的积分折扣功能，不用支付年费，同时消费者在沃尔玛和其他加盟零售店铺内使用时，还可以获得最多1%的购物折扣。

零售业务降低了消费信贷业务的营销和管理成本，从而有力推动了消费信贷业务的快速发展；而将消费金融业务节省的成本让渡给客户，又为零售业务吸引和留存了更多客户，进一步拓展了沃尔玛零售业务的客户平台，从而通过产融结合实现了两类业务的螺旋式上升。

◆【案例4】通用电气："产业组合+综合银行"模式

GE是全球最大的多元化服务性公司，旗下的GE金融最初只是为集团制造部门提供金融服务支持的内部企业，如今已成长为GE集团最重要的部门：资产规模达到5730亿美元，在GE集团总资产中的占比超过70%，并贡献了集团总营业利润的40%~50%。而在这些收入中，只有2%来自于为GE集团提供的内部金融服务，其余98%的营收都是通过外部金融业务获得的。

除了被人津津乐道的"六西格玛原则"和"数一数二原则"，GE集团还有一个同样甚至更为重要却很少有人提及的原则——"3A价值法则"：为了保证GE集团整体信用评级始终维持在最高的3A级别，任何会对此产生不利影响的业务都必须被抛弃。

"3A价值法则"对GE金融的发展具有极大的助益，使其能够以整个GE集团为信用背书获得并保持高信用评级，同时利用金融杠杆将这一优势倍增放大。这也是GE Capital能够在金融危机时期重组债务甚至逆势而上进行大规模收购的重要原因。

在GE集团产业的有力支持下，GE金融从一开始就获得了高信用评级和低成本资金的优势，并借助银行业务的金融杠杆将资金成本优势放大了十几倍甚至是几十倍，从而建立了自身在金融领域的核心竞争力，实现了快速成长。当前，即便将GE Capital独立出来，其也能在全美十大商业银行中占据一席之地，甚至与摩根等老牌银行一较高下。

国内产融结合商业模式及案例实践

20世纪90年代海尔集团、新希望集团和德隆集团打造的“由产而融”商业模式，被认为是我国产融结合模式发展的开端。同时，由于国内监管部门明文限制商业银行等金融机构投资控股实体产业，因此，“由产而融”也成为我国产融结合的唯一形态。

在产融结合发展过程中，由于市场监管、风控机制等方面的缺位，出现了一些不良的市场行为，如2004年的“德隆事件”，就是产业资本恶意掏空金融资本的典型。为此，2006年中央政府颁布了《中央企业投资监督管理办法》，不仅规定央企在进行境内产权收购和投资时必须经过国资委批准，还明文禁止企业使用银行信贷资产进行金融、证券、房地产、保险等领域的投资。这导致国内产融结合发展陷入困境。

不过，随着国内企业越来越深刻地融入全球市场，“走出去”的战略诉求又带动了产融结合模式的重新崛起。2009年，中石油集团先后完成了对克拉玛依市商业银行和宁波金港信托公司的收购；同年，航天集团、宝钢集团、广东高速等八家大型国企入股光大银行。另一方面，政府部门也认识到了产融结合在提升企业国际竞争力方面的重要价值，开始逐步放宽对大型企业特别是国企涉足金融业务的监管。

从实践层面来看，国内产融结合可大致分为四种路径：

1）“银企合作”或“产融合作”，存贷款、结算、信托、债券发行、股票上市、并购重组、财产及员工保险等金融业务对企业或产业集团的良性运营发展具有重要影响，因此产融需要保持长期稳定的合作关系。

2）内部金融，即产业集团自设财务公司等金融机构，围绕集团核心业务为内部成员企业提供金融服务，同时依托产业发展实现金融机构自身的快速成长。

3）“获利投资”模式，即产业集团通过对外部金融机构投资的方式实现资本的增值，不过并不控股或主导投资的金融机构。

4）产业集团或企业通过成立或收购银行、证券、保险、期货等金融机构的方式实现产融结合。

◆【案例1】华润式“产融结合”

借助改革开放的良机，华润迅速从一个单一的贸易公司成长为涉足零售、地产、电力、燃气等诸多产业的多元化实业集团，其2012年底的创收规模突破了4057亿港元，总资产达到9370亿港元，股东应占净利润超过190亿港元，在全球500强企业中位居第233名。

多元化战略为华润集团探索“产融结合”模式提供了独特的产业背景优势和产业整合经验。当前，华润集团旗下已有珠海华润银行、华润深国投、华泰保险股份等金融公司，能够为客户提供银行、信托、保险、基金平台等多元化、综合性的金融服务。其中，银行是信托、保险、基金、租赁等其他金融服务的支点，在华润金融业务中处于关键和中心地位。

华润集团以银行为关键支点的创新金融服务模式，为其探索产融结合的最佳路径、实现集团整体的跨越式发展提供了有利条件。依托华润集团强大、多元的产业集群，华润银行在产品研发和客户获取方面具有先天优势，有利于打造更具竞争优势的特色化发展之路。

同时，多元化的产业集群也为华润银行“一展身手”提供了广阔的空间，银行可以基于不同产业板块对金融服务的具体诉求，组建专业性的服务团队和组织架构、制定协同方案和业务流程，甚至提供定制化的金融产品和评价体系，从而实现“以产促融、以融助产”的良性发展。

◆【案例2】“中广核财务公司”的创新历程

1997年，中广核财务有限责任公司（简称“中广核财务公司”）经中国人民银行批准建立。作为中国广核集团旗下的成员单位，财务公司将通过自身的金融服务功能统筹和运作集团资金，提升集团整体的财务效益，是为集团提供金融服务的非银行金融机构。

从成立之初，中广核财务公司就致力于不断创新，不仅为集团发展提供了有力的金融服务支撑，也推动了自身的不断成长壮大。简单来看，可将财务公司的发展分为三个阶段。

1）探索期（1997—2002年）

得益于大亚湾核电站在安全生产方面的辉煌成绩，以及岭澳一期核电站项目的顺利进展，财务公司的业务规模也不断壮大。这一时期的业务主要围绕结算中心展开，同时公司也开始探索多元化的经营模式。

2）成长期（2002—2007年）

从2002年开始，国内金融市场进入剧烈波动期，各种金融风险集中涌现，极大地冲击了财务公司的发展运营。对此，财务公司根据中广核集团主辅分离、强化核电主业投资与发展的要求，强化风险控制并逐步介入集团核电主业，为集团核电项目提供政策信息咨询、融资方案制定、短期小额融资贷款等多种金融服务，从而确立了服务集团核电产业发展的金融服务型方向，为后续的转型发展创造了有利条件。

3）转型发展期（2008年以后）

中广核集团为推动资金管理一体化运作战略的落地，将财务公司的角色功能重新定位为“以促进集团战略发展为宗旨，以提升集团综合竞争力为目的，打造集团专业的金融服务、创新与发展平台”。由此，中广核财务公司为配合集团财务管理由资金积累向融资需求的转变，也将经营重心转向了金融服务领域。

中广核财务公司通过不断构建和优化多平台的资金集中管理体系，实现了对集团内部资金的更有效管理和高效利用，提升了集团的资金收益和财务管理水平，打造出强有力的债务风险控制系统，推动了集团一体化运作战略的顺利落地。

同时，资金管理的一体化也增强了财务公司为集团业务发展提供资金支持的能力。如财务公司承担了集团的核电、风电、太阳能等诸多项目的融资工作，为集团项目“走出去”提供了有效的融资服务，从而极大地推动了集团清洁能源业务的发展。

◆【案例3】华能：中国式GE金融

早在20世纪80年代，华能集团就通过成立华能金融公司的形式进军金融领域，是国内最早一批探索产融结合模式的企业。华能金融公司成立的最初目的是通过有效的金融服务推动集团的核心业务电力产业的跨越式发展。

不过，经过多年的成长壮大，华能金融已成为集团旗下十分重要的业务，并为其他产业发展提供了有力的金融服务支持。当前，华能集团在“由产而融”的产融结合发展方面仍处于国内领先水平。

华能金融的发展模式可以用“1+N”概括：华能集团全资控股华能资本服务有限公司，华能资本公司又控股和管理着华能财务公司、长城证券、长城基金、景顺长城基金、宝成期货、永城财险、华能贵诚信托、华能碳资产经营公司和华能景顺罗斯投资顾问公司；同时，华能资本还参股了交通银行、杭州银行、华西证券、北京今日资产交易所等金融机构和华能新能源股份有限公司。

仅从金融产业的维度来看，华能金融业务的发展并无特色和优势；但若从产业集团布局金融业务的视角分析，华能金融较早的起步和较完善的平台建设则为其发展带来了整体优势。

华能集团将华能资本定位于“金融支持”，主要为集团电力主业提供业绩与服务支撑；同时，由于掌控管理了集团所有的金融业务板块，因此华能资本还兼具“金融防火墙”的角色，以最大限度地降低金融市场波动对集团实体产业造成的不利影响。

华能金融学习GE产融结合的发展模式，以强大的集团整体作为金融业务的信任背书，并在金融产业发展中追求质量与速度、效益与规模的平衡。不过，华能金融的发展路径又与GE有所差异，如作为集团金融板块管理者的华能资本有两大特色：

1）金融业务板块的发展是以集团主业为中心展开的，不论是发展规模还是新金融产品的开发，都必须能够对集团整体发展具有正向价值。

2）华能资本是集团金融业务与实体产业之间的“防火墙”，避免金融风险扩散到实体产业。华能集团不断加大对金融产业的投入和建设力度，引入市场化机制对旗下金融企业进行更合理高效的管理，以构建出良性、健康、可持续的金融业务发展模式。

构建以金融协同为核心的产融战略

从国内外产融结合的成功案例中可以看到，产融结合战略不是固定的单一形态，而是有着明确的层次划分：以经营协同为核心的第一层次和以金融协同为核心的第二层次。

前者是随着企业自身业务的不断扩大而向金融领域的自然延伸，产业支持下节约的金融业务经营成本是增值收益的主要来源。例如，卡特彼勒采用的“设备制造＋设备金融”模式降低了违约成本，UPS推出的“物流＋供应链金融”模式降低了信用风控成本，沃尔玛的“零售＋消费信贷”模式则节约了企业的营销和管理成本。

需要注意的是，以经营协同为核心的产融结合模式中，拓展金融业务的企业自身必须在产业市场中具有领先优势，是行业内的领导者。强有力的产业平台是拓展金融业务、建立产融优势的基础。

例如，卡特彼勒是世界上最大的工程设备制造商，这种行业龙头地位是其能够建立标准化二手设备市场和二手设备认证体系的基础，并可以通过提高二手设备的流动性和余值有效降低违约成本。然而，一旦卡特彼勒工程设备业务发展不利，那么基于此建立的二手设备流动市场和认证体系也将受到冲击，进而影响这一产融结合模式价值的发挥。

同样，UPS没有覆盖全球范围的物流网和信息网，也难以建立起物流、信息流和资金流“三流合一”的风控成本优势；沃尔玛没有庞大的零售客户群体，也不可能获得银行的认可和青睐。

以金融协同为核心的产融战略的第二个层次中，产业组合所具有的稳定的现金流节约了资金成本，成为增值收益的主要来源，如

GE 集团对 GE 金融业务的信任背书。

这一产融结合模式的成功，首先需要集团产业自身具有很高的信用等级，以便在整体经济低迷时期依然能够保持充分稳定的现金流；其次是涉足的金融业务本身不能有太大的波动性，如财产保险、再保险等风险性较高的业务就不太适合这一产融模式；最后是集团拓展的金融业务规模不应超出产业部门能够提供的信用担保范围。

从国内来看，一方面，随着我国整体经济实力和发展水平的不断提升，家电、船舶制造、机械设备制造、高速列车制造等诸多产业领域都涌现出一批极具国际竞争力的企业，这为产融结合模式的发展提供了有力的产业平台支撑。

另一方面，我们也应该看到，虽然国内制造产业在成本方面极具优势，但金融手段的缺位使我国企业在与欧美企业的竞争中仍处于十分不利的地位。虽然很多企业已经或正在涉足金融业务，但由于没能构建出有效的产融结合模式，实体业务与金融业务处于分离状态，无法实现彼此间的互相促进和强化。

例如，海尔集团虽然在金融领域有着诸多布局，但不论是其发起成立的海尔纽约人寿，还是控股的青岛商业银行、长江证券，都没能与集团核心的家电业务实现联结、互动、融合。同样如此的还有生命人寿的发起股东首钢集团、一度成为民生寿险第一大股东的万向集团、与外资合作成立了广电日生人寿的上广电等众多公司。

产融结合并非产业简单的控股或参股金融，而是产业基于自身的不断成长发展向金融业务的自然延伸，能够通过经营协同获取增值收益。国内很多企业在涉足金融领域时常常没有深刻理解产融结合的这一内涵和意义，将大量资金投到与自身核心业务无关的金融领域，结果不仅无法弥补金融业务方面的缺位、获得协同价值，甚至还面临着潜在的金融风险。

在产融结合的第二个层次，企业由于涉足了非相关的金融业务，金融协同取代经营协同成为价值创造的源泉，这需要强有力的产业组合为非相关的金融业务提供稳定的现金流。例如，GE 能够成功地从设备金融转向信用卡、房地产抵押贷款等与核心业务无涉的金融领域，很重要的一点是集团产业组合带来的稳定现金流和高信用等级为金融业务的发展提供了有力支持，降低了融资成本，并能在出现危机时及时进行市场救援。

金融业务的高杠杆特性决定了其在具有高收益的同时也面临着高风险。因此，涉足金融业务的企业要想有效抵御金融风险，其实体产业必须能为金融业务提供持续、稳定的现金流支持，这显然不是任何单一产业能够轻易做到的——即便是卡特彼勒、沃尔玛等知名的大型企业，也常常由于产业单一而面临着周期性的发展波动。

从这个角度来看，实现产融结合的第二个层次——非相关领域的产融结合，关键是要具有一个能提供坚实稳定的现金流的产业组合，以保证企业在任何情况下都能维持正常的自由现金流。如 GE 集团就放弃了利润和风险都较高的煤炭、新材料（受石油价格影响）等业务领域，以避免这些高波动和高耗资业务影响产业组合现金流的稳定。国内企业在构建非相关领域的产融结合模式时，也应审慎布局地产、钢铁、有色金属等高波动、高耗资产业。

除了产业组合带来的稳定的现金流和高信用评级，对非相关金融业务的选择和规模控制也很重要。仍以 GE 为例，一方面，集团选择的多是相对成熟、风险可测的金融业务，而将财产保险、再保险等高风险领域排除在外，以尽量避免金融风险；另一方面，集团还将金融业务贡献的利润在总利润中的占比控制在 30% 左右，以保证金融业务出现风险和危机需要补充资本金时，集团产业的自由现金能够满足需求。

总之，以金融协同为核心的产融结合形态对企业有着更高的要求：既需要企业自身有着雄厚的产业实力，也需要企业在股权结构设计、金融业务选择和资产规模控制等方面进行严格的风险把控，以避免金融业务风险对实体产业的影响，真正发挥出产融结合"以产促融、以融助产"的价值。

【案例】海尔：产融结合战略的3个时期

产融结合是指产业和金融业为了共同的利益和目标以参股、控股等方式进行的内在结合。近年来，国内很多大型企业都在采用产融结合的模式，如山东鲁能、首创集团、海尔集团、东方集团、中信集团等。但是，这些企业产融结合的效果并不都十分理想，海尔集团的产融结合模式可谓是成功的典型。

下面，就以海尔集团金融业的发展为代表，对国内大型企业的产融结合模式进行探究，以探求经验和教训。从整体来看，海尔集团金融业的发展大致经历了3个时期。

图6－2　海尔集团金融业发展的3个时期

◆ 摸索时期

这一时期大致可以划分在2000年以前。20世纪90年代，家电产品价格下调，使得家电企业的业绩普遍下滑。面对这种情况，各家电企业纷纷开始寻找出路。海尔企业作为家电企业的“领头羊”，率先引进了产融结合模式，以期能够通过金融业的发展解决眼下家电产业的发展困境。

在这个时期，海尔集团的金融业发展可谓是“道阻且长”。起初，海尔成立了一家城市信用社——“海永亨”，受国家宏观调控的影响，这家城市信用社在1996年和青岛的20家商业银行合并组建了青岛商业银行。

虽然“海永亨”无疾而终，但海尔集团的产融结合模式却在这个时期真真正正地开始了。受到诸多政策的限制，如金融牌照申请时间长等，使得这一时期海尔集团的金融业并没有取得多大的成就。

◆ 框架建设时期

这个时期从2000年开始，到2005年结束，历经5年的时间。

2000年，国家对金融业的各项政策逐步放松，海尔集团正式开始发展金融业，经过多年的准备，这一时期的海尔集团显得底气十足。2001年，海尔集团正式对外宣布：未来海尔集团的发展目标之一就是构建产融结合的跨国集团，借助金融业产生跨行业的协同效应。在这个时期，海尔集团找准机会，对金融产业进行了全面布局，整个过程效率极高。

2001年7月，海尔控股青岛商业银行；

2001年9月，海尔参股长江证券；

2001年12月，海尔保险代理公司成立；

2002年9月，海尔成立集团财务公司，注入资金5亿元；

2002年12月，和纽约人寿合作成立合资寿险公司。

从银行、证券、保险到信托，海尔几乎拿到了所有的金融牌照，一个完整的金融框架就此形成。在这个时期，海尔集团的金融业发展取得了非常大的成绩，但是这种产融结合模式所取得的效果却不尽如人意。具体分析如下：

1）规模小，利润低，盈利效果不好。以青岛商业银行为例，这个海尔集团控股的银行资产规模较小，且自成立以来就一直处于亏损状态，直到2001年这种亏损局面才得以改善。可想而知，这个银行的盈利状况并不好。再如，与纽约人寿合作成立的海尔纽约人寿，这个人寿保险公司前期投入非常大，要想盈利最少也要等到5年之后，在短期内难以产生协同效应。

2）产业布局范围较大，覆盖面较广，管控能力较弱，使得其旗下各保险公司、银行、证券机构都出现了各自为政的局面，难以形成一个完整的、方便掌控的金融体系。例如，海尔参股的长江证券，很多决策都来自于其内部管理层的意见，海尔集团在其中人不微却言轻。再如，海尔纽约人寿，其经营管理权在纽约人寿手中。

3）金融管理人才缺失，投资风险管理能力较弱。海尔集团在这方面险些吃了大亏：2001年，海尔集团收购了鞍山信托20%的股权。在收购之前，由于没有专业人士对鞍山信托进行详细的调查，没有发现鞍山信托隐藏的巨大危机。在收购之后，海尔集团发现鞍山信托面临着巨额债务，这个数额远远超出了海尔集团的预期。据了解，其不良资产有5.8亿之多，这对于当时的海尔来说是非常难以接受的。最终，国之杰公司接手了这块“烫手山芋”，使海尔能够全身而退。

4）各产业发展速度太快，资金跟不上，在很大程度上牵制了海尔集团的发展。面对这种问题，海尔不得不放慢脚步，限制金融业的发展速度。

◆ 快速发展时期

2005 年以后，海尔金融业的发展就步入了快速发展时期。

2005 年，中国股市复苏，金融业整体发展形势大好，纷纷加快了发展步伐，海尔旗下的金融公司也不甘其后，加快了发展速度。

2002 年海尔以 4.7 亿元的价格获得长江证券 20% 的控股权，在 2007 年其市值已经涨到了 50 亿元；

2002 年注资 5 亿元成立的海尔财务，到 2008 年底，其资产总额达到了 142 亿元，利润总额为 4 亿元，所有者权益为 12 亿元，资本充足率达到了 14.25%；

2008 年，青岛商业银行吸引了意大利联合圣保罗银行和洛希尔金融控股有限公司注资，其资本从 11 亿元增长到了 34 亿元，并开始筹划上市；

2009 年，海尔纽约人寿在国内各地纷纷设立分支机构，山东、江苏、湖北、四川……以沿海地区和长江流域为中心一个完整的业务轮廓就此形成。

从这些发展成果来看，在这个时期，海尔的金融产业主要取得了两方面的成果，一是收益有了大幅增加，二是规模有了较大拓展。但是，整体来看，海尔集团预想的协同效应并没有显现出来，这归咎于海尔没有形成一个统一的金融产业管理平台。

所以，从这个角度看，即便是以海尔为代表的国内大型企业在产融结合模式方面取得了较大的成就，但是预期的协同效应并没有显现出来，也就代表金融业的作用还没有得到有效发挥，这说明我国企业的产融结合模式还需要探索、发展，实现产业资本和金融资本的有效融合，将协同效应充分发挥出来，由此提升竞争实力。

第 7 章 资本布局：

互联网巨头的“独角兽计划”

资本游戏：巨头布局下的独角兽生态

随着国家政策的倾斜以及市场的需求，国内的创业热情一直持续高涨，近年来取得了一定成绩的创业企业更是不胜枚举，尽管多数企业都未上市，但却获得了不少的融资。国内知名的市场调研机构艾瑞咨询就曾针对这些创业公司发布了一个资本估值榜单，囊括了创立于 2013 年 1 月到 2016 年 6 月期间的、以大陆为主营业务范围的企业。

从榜单中可以看出，这些独角兽企业蓬勃成长的背后，除专业投资机构在进行持续的资本输血之外，还有着诸多互联网企业的身影，尤其是“BAT”三大巨头以及京东、小米等大企业。榜单中的三百家独角兽企业中，差不多有 1/3 的企业都与上述互联网企业在资本方面有着密切关系。这说明，作为互联网行业龙头的这些大企业正在多方面布局生态版图。

◆ 国内独角兽领域投资概况

在这份榜单上，我们不仅看到了诸多发展迅猛的独角兽公司，还看到了许多慧眼独具的投资机构与企业，其中最大的赢家当属红杉资本、IDG、经纬中国、启明创投、腾讯五家机构或企业。这五家机构或企业凭借自身对市场形势的敏锐目光、对初创团队及其经营模式的审慎观察以及在投资领域积累多年的眼光与经验，取得了非常傲人的成绩。

具体而言，红杉资本押中了 17 家企业，其中有 7 家企业是在互联网金融行业、5 家企业在电商行业、5 家企业则在汽车交通行业；IDG 押中了 16 家企业，其中有 7 家是在电商行业、5 家在互联网金融行业、4 家在企业服务行业；经纬中国则押中了 12 家企业，在电商行业、互联网金融与汽车交通行业各 4 家。此外，其他排名前列的投资机构都有押中的 O2O 公司上了榜单，可见 O2O 已经成为大势所趋的投资方向。

仅看这些数据的话，命中独角兽公司仿佛并不是一件难事，然而事实却不然。从初创企业起步到获得 A 轮融资，这期间的企业发展基本上没有足够的数据可以作为投资参考，所以一家初创企业值不值得投资还是要靠投资机构凭借自己的经验与眼光来判断。从目前来说，在国内的创业领域，红杉资本、IDG 和经纬中国可以说是经验丰富、眼光独到的名“星探”，在挖掘有潜力的初创团队上有着其他投资机构所不及的优势。

◆ 互联网巨头投资独角兽情况

虽然同样都是对有潜力的创业公司进行投资，但是互联网企业与专业投资机构在目的上有着根本的不同。后者的目的很简单，就是为了获得高额的利润回报，而前者则更多是为了自身的战略布局。下面，我们就以公司为单位进行逐一分析。

1）腾讯系：投资领域广，投资笔数多

在商界江湖中，腾讯的掌门人马化腾有着“战略投资人”的名号，而其近年来的动作频频也没有辜负了这一美名，艾瑞咨询公布的独角兽榜单也明确地展示出了腾讯在此方面的骄人成绩。

2011 年才成立的开放平台——腾讯产业共赢基金尽管成立时间不长，但成绩却十分亮眼，其直接投资的 40 家独角兽企业总估值达 1075 亿美元，占据了总榜单估值的 1/4。另外，早在 2010 年，腾讯就已经在国际投资领域找到了强有力的战略合作伙伴——俄罗斯投资机构 DST，并借其力增加了投资笔数。

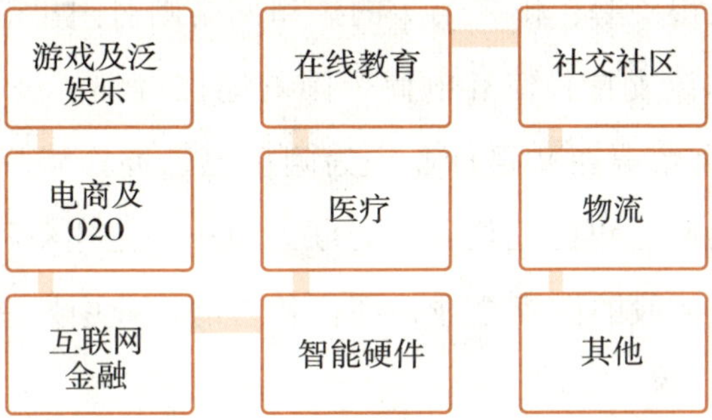

图 7－1　腾讯系独角兽的主要分布领域

从榜单数据来看，我们可以了解到腾讯在投资布局中的步伐比较稳健，大体可以分为三条主线：

其一，充分发挥 QQ 与微信无可比拟的流量入口优势，在生活消费领域进行电商、O2O 等多方面的投资，在移动互联网时代里为广大用户搭建更为便利、更为丰富的生活平台，以期进一步沉淀用户、增加用户黏性。

其二，加大在娱乐方面的投资力度，通过在游戏、直播、传媒等方面的投资来实现自己的泛娱乐版图。

其三，顺应时势，把握互联网行业的风口，投资互联网金融、智能硬件、社交平台等产业，为笑傲未来的移动互联网行业打下良好的基础。

2）阿里系：具有强大的独角兽孵化能力

作为一个庞大的商业帝国，阿里巴巴的投资战略自然也是不同凡响，在如今较为热门的行业中，基本都能看到阿里的身影，比如说互联网金融、物流、O2O 和移动互联网。

在艾瑞咨询公布的这份榜单中，由阿里自行孵化的独角兽企业蚂蚁金服以 600 亿美元的估值高居榜首，这使得阿里巴巴在互联网金融行业中拔得头筹；排名第 7 的菜鸟网络则对阿里的电商业务提供了稳定的物流支持，使其电商帝国的地位得到了进一步的巩固；排名第 26 的淘票票在文娱行业中为阿里巴巴冲锋陷阵；排名第 77 的豌豆荚则为阿里巴巴抢位移动互联入口……上述由阿里巴巴自行孵化或是直接控股的四家企业，都在各自的行业中发挥出了巨大的能量。

此外，榜单上还有 15 家企业是由阿里直接投资、9 家企业由云锋基金和蚂蚁金服投资，总估值达 1257.8 亿美元，再加上上述 4 家企业的 708 亿美元，与阿里巴巴相关的独角兽企业几乎占据了榜单估值的半壁江山。

从榜单数据中，我们可以了解到阿里巴巴在进行投资时的战略规划：一方面，围绕现有业务需求来进行相关产业的投资，使电商 O2O、互联网金融以及物流等业务得到稳固，并使之与自有业务相互协作、共同发展；另一方面，进行市场风口投资，抢滩布局智能

图7－2　阿里系独角兽概况

硬件、在线教育、医疗、体育等行业，以期在未来的市场中有一定的话语权。

3）百度系：注重O2O生活场景的构建

百度实行的是稳扎稳打的投资战略，正是因为这份谨慎，才使其获得了命中15家企业的好成绩。在这15家企业中，大多数都分布在电商以及O2O服务行业之中，涵盖各种日常所需的中高频服务，比如说母婴、服装、美食、出行、住宿等。

通过投资，百度在细分垂直领域中获得了更多的行业资源，拥有了更专业的线上线下运营合作伙伴，为其O2O生活场景的构建提供了有力支持。

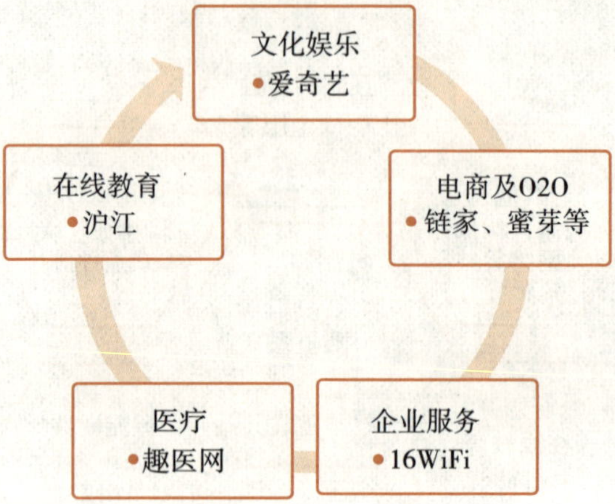

图 7－3　百度系独角兽概况

4）小米系：以完善小米生态圈为主要目的

在这份榜单中，三大巨头的成绩非常亮眼，后起之秀小米的成绩也不遑多让，当然这与雷军多年来的投资经验以及顺为基金挖掘初创企业的优秀表现是分不开的。

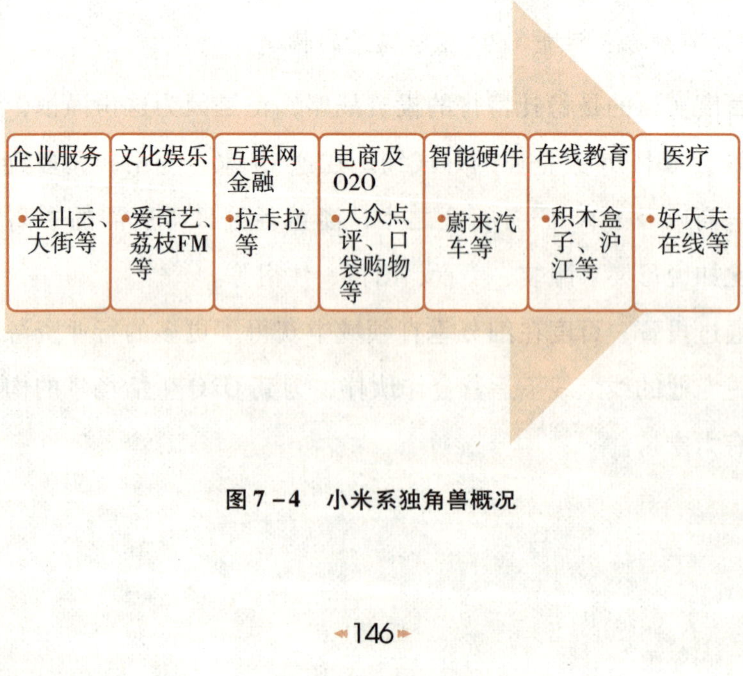

图 7－4　小米系独角兽概况

在投资手法方面，小米也选择了与BAT不同的路线，将重点押在了智能硬件、内容娱乐、O2O等关键领域中。如此一来，小米的产业链条就可以得到进一步扩大，吸纳更多的优秀平台，构建起一个产融结合的生态舰队。然而，这种合作关系在理论上是没有问题的，但在实际操作中，还得看其用户流量、渠道管理以及变现能力能否支撑得住。能则成功，合作同盟共赢；否则失败，合作同盟溃散。

5）京东系：聚焦电商、金融和智能技术三大领域

从榜单中可以看出，京东在投资上无非是三个方向，即电商、金融和智能技术，就命中率而言还是前两者较高。在这些命中的企业中，能够与其主业电商业务形成互补和战略合力的当属餐饮外卖、生鲜电商、电子产品回收、医药等O2O服务。而且，这些企业还能够帮助京东实现O2O闭环。

图7－5　京东系独角兽概况

此外，京东在互联网金融上的投资瞄准了消费金融，通过对相关企业的投资，与旗下的京东金融形成合力之势，逐渐完善自己的

互联网金融版图。

6）乐视系：以生态资源为明显优势

乐视近年来一直致力于打造自己的生态体系，在生态资源方面有着无可比拟的联动整合优势。基于此，其旗下拆分出来的子公司得到了资本的竞相追逐，乐视移动与乐视体育在榜单上占据了比较高的位置，分别居于第15位与第19位。其中，位于风口上的乐视体育以33.1亿美元的估值成为本行业中的佼佼者。

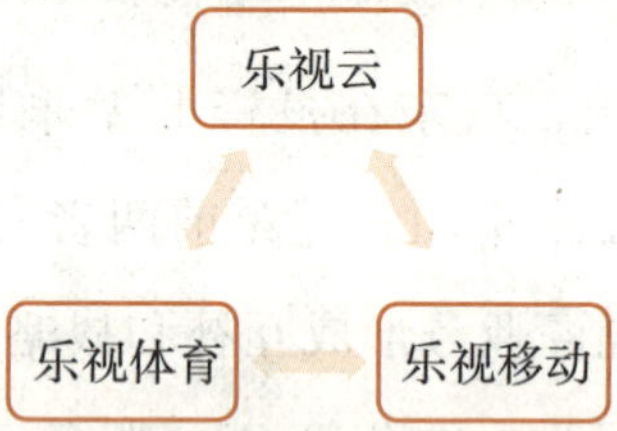

图7－6　乐视旗下的3家独角兽企业

7）同时被BAT看好的9家独角兽企业

随着市场需求的增加以及国家政策的倾斜，国内创业的团队或企业越来越多，得到业界大佬青睐的也屡见不鲜。在这份榜单上就有9家企业同时得到了互联网三巨头BAT的青睐，其中有7家企业都分布在生活服务O2O行业中，比如说滴滴出行、合并后的新美大、链家网等。由此可见互联网行业的龙头老大对O2O的重视程度，也映射出了三家布局O2O闭环的发展战略，移动互联大战蓄势待发。

艾瑞咨询公布的这一榜单并不只是一个简单的排名，还是巨头们的未来发展战略的一个体现，同时也暗示了如今的互联网企业正在向着“内生＋投资”的方式过渡：寻找有潜力的创业公司并进行投资将成为一个促进自身生态体系建设的强大驱动力，并借此来拉动企业的内部增长。而独角兽公司除能够为互联网企业带来高额利润以及增长潜力之外，更重要的是能够成为它们的生态合作伙伴，以巩固自身的发展战略，或者是为了抢占风口，或者是为了整合资源，或者是为了开辟新业务，或者是为了扩展范围积聚力量，或者是为了弥补短板、完善产业链条。

能够跻身独角兽估值榜单，虽然是这些公司成就的一个体现，但并不代表可以就此高枕无忧。当然，这些发展速度惊人的公司，也有望在行业红利以及资本输血的推动下进一步扩张壮大，取得更高的成就。

资本眼中的独角兽项目

如果某个项目还处在初期探索阶段，并未完全施展开来，对该项目的财务状况和客户数据又没有确切的了解，仅从其创意方面来入手，如何才能估测该项目拥有多大的发展潜力呢？

打个比方，当一个孩子还处在童年时期，如何来判断他是否能在青年时期或中年时期取得非凡的成就呢？这并不是一个容易解答的问题，而且，也不存在作答模板，只能从其发展方向和细微方面来分析，估测其未来的发展潜力。

◆ 把握发展方向

在判断初创企业的价值时，第一步要分析的就是其发展方向。这里所说的方向，具体来说也就是企业抓住的时机。

立足于宏观角度来分析，可理解为时代前进的总体动向。如今，互联网还在持续发展，网络的普及应用大大缩短了人们之间的时空距离。利用网络技术，用户的视野范围不断拓宽，人脉也更广，可能在不经意间就萌发创业的想法。这时，创业者需要考虑以下几个方面的问题：这个创业项目有多大的发展潜力？是否符合创业者本身的兴趣？能否切实把握这个时机？

如今，“大数据”“云计算”等词汇频繁出现，但对创业者和早期项目来说，这些词有可能只是企业用来吸引人的噱头，而不能展现企业的核心竞争力，因此，若创业者打着类似的幌子来推荐自己的项目，很可能会被投资者一票否决。

如今，具有较大发展潜力的领域有人工智能、互联网金融、在线教育、移动社交应用以及O2O领域等，随着发展，这些行业很可能颠覆传统模式，推动国内传统行业的转型与升级，同时能够拓展商业发展空间。但有一点是毫无疑问的，那就是在很多情况下，多数人并不看好的领域，参与者并不多，到后来却能够体现出巨大的价值。

◆ 拓展关系网

在互联网时代下，所有人都与其他人保持着各种各样的联系，这些联系如同一张张关系网，著名的“PayPal黑帮”在这方面就拥有独特的优势，他们在各个领域都崭露头角，培养出了诸多优秀企业。

关系网能够对企业发展及走向产生十分关键的影响，企业领导者不仅能够利用关系网把握社会发展的主流趋势，还能利用关系网壮大企业的人才队伍，提高团队能力。在判断某个团队的价值时，应该从团队发展历程来入手，明确团队成员是如何聚集到一起的，他们之间的熟悉程度，各成员间越熟悉，彼此之间越亲密，整体就越团结。此外，还要分析团队是否拥有较高的执行力，若执行力不够，即便遇到机会，也很可能抓不住。

因此，身处移动互联网时代下，创业者应该拓展企业及自身的关系网，组建高质量的团队，为项目运营打下坚实的基础。

◆ 保持独特性

拥有独特性的企业，能够走出一条全新的、截然不同的道路，使同领域内没有其他类似的企业，如果有竞争者，该企业也能够凭借自身的独特性很容易就与对方区别开来。实际上，无论竞争多么激烈，优秀的企业都能够脱颖而出，在其所属领域占据绝对优势地位，这也是判断商业价值的重要标准。相比之下，能力较差的企业，会在一轮又一轮的竞争中陷落。

如果我们将企业成长为垄断性公司所需的时间用“T1”来表示，将竞争者效仿该企业的时间用“T2”来表示，若 T1 大于 T2 的话，企业尚未成为行业垄断公司，其模式就会被其他企业应用，很可能在后续竞争中败下阵来。不过，若企业一味赶超竞争对手，则企业运营过程中所得的利润最终可能所剩无几，因此，在分析这个问题时，要综合考虑各方面因素。

◆ 拥有耐力 + 创造力

创业好比参加一场马拉松，只有坚持不懈，才有可能成功。企业从最初建立到后来的发展，会在某段时间内快速成长，也会在某个阶段陷入困境，当企业处于上升期时，团队成员可能满怀信心、充满激情；而当企业处于发展低谷时，就对内部成员的团结性和耐力提出挑战。EverNote 最终出局，就是因为企业团队在公司发展势头衰微时一蹶不振，直接影响了公司的持续性发展。

当公司发展陷入困境时，怎样才能走出这种局面？在企业发展的早期阶段，依靠新颖的产品获得用户青睐，但在其后续发展过程中，若产品没有进行升级，而是停留在原地，就会惨遭失败。从中可以得出的结论是，为了增强企业发展的持续性，必须不断进行创新。

◆ 提升创业者素质

上述内容主要是从项目自身出发来分析的，从创业者的角度来说，若其拥有足够的实力，也能提高初创企业最终成长为“独角兽”的概率。

优秀创业者需要制定明确的发展目标，采取有效、有针对性的发展策略，勇于克服困难，对自身及外界发展情况有着清晰的认识，擅长于发挥创新思维，擅长企业营销，还要热衷于创业本身。简单概括，就是要有足够的能力、敏锐的洞察力，以及良好的创业心态。只有具备这些素质的创业者，才能带领企业经历种种考验，最终走向成功。

与此同时，初创企业还要拥有优秀的团队。企业的持续性发展和产品革新与升级都有赖于团队的力量。若团队成员拥有共同的目标，以此作为坚持不懈的动力，就能带动整体发展，团队成员也能充分展示自己的才华，推出符合消费者需求的新产品。

综上所述，导致企业失败的因素有很多，而企业及创业者本身需同时具备多种素质才有可能取得成功。在创业及企业成长过程中，有新晋的独角兽公司，也有公司从颠覆走向衰落，究竟哪家企业能够成为终极王者，现阶段还无法预知。但企业在发展过程中，需要不断进取，发挥创新思维，吸纳优秀人才，打造高质量团队，才有可能获得长足发展，提高自己成为独角兽公司的概率。

巨头阴影下，独角兽企业的生存之道

2016 年 2 月，美国即时通信应用 Tango 继 2015 年裁员 9% 后又公布了最新的裁员计划，据《福布斯》报道称，该公司中的 250 人中的 50 人将会被裁员。Tango 于 2014 年 3 月完成了 D 轮高达 2.8 亿美元的融资，阿里巴巴作为领投方出资了 2.15 亿美元，融资完成后该公司估值达到了 10 亿美元。

2009 年，Tango 正式成立，其最初的主营业务为视频聊天，在苹果公司推出的视频通话软件 Face Time 尚未被广大用户认可前，就已经沉淀了大量的忠实用户。随后，Tango 开始进军照片、语音、游戏、贴纸、音乐、电商等诸多领域。

◆ 成功原因与危机所在

近年来，很多估值曾经达到 10 亿美元的硅谷创业公司都遭遇重大生存危机，Tango 只不过是其中的一例，但在全球经济持续低迷的背景下，陷入发展困境的独角兽们很容易成为关注的焦点。

据公布的数据显示，从 2003 年到 2015 年间估值达到 10 亿美元级别的硅谷创业公司数量还不到 40 家。在过去 10 年的时间里，每年诞生的独角兽企业平均仅有 4 家，而仅有社交巨头 Facebook 的估值达到了千亿美元。

当一家公司估值能够达到 10 亿美元时，其规模就已经达到了中型企业的标准，这一阶段其将面临前所未有的巨大挑战。整体来看，虽然独角兽公司的创业历程存在着一定的差异，但它们却有着一个统一的逻辑，即率先发现某种潜在的市场需求，然后快速抢占大量的市场份额与用户流量，而且它们提供的产品大多设计精美、使用方便、基本免费。

例如，云存储应用产品 Dropbox 发现了个人云存储服务的巨大市场需求；移动阅读应用产品 Flipboard 满足了广大移动终端用户碎片化和移动化的阅读需求；即时通信应用产品 Tango，则是以较低的成本解决了智能手机通信时人们不能看到对方的痛点等。虽然这些独角兽们在初创阶段也可能存在竞争对手，但那些拥有强大资金及技术优势的巨头对这些领域缺乏重视，从而导致这些创业公司能够快速崛起。

当然，如今很多的互联网巨头都是从独角兽发展而来的，如 Uber、Facebook、谷歌、亚马逊等，这些企业都是从最初的初创公司逐渐发展成为独角兽，最终成为某个领域的行业巨头。

那么，这些成为独角兽的企业，是继续保持自己的市场份额和发展规模？还是寻求进一步突破发展成为行业巨头？抑或是在激烈的市场竞争中被淘汰出局？这要受到它们的市场环境、管理方式、商业模式、产品创新等多种因素的影响。

◆ 巨头入场后的衰落

这些遭遇重大生存危机的 Dropbox、Flipboard、Tango 和曾经处于独角兽阶段的谷歌、亚马逊等互联网巨头存在着何种差异？从实际的发展情况来看，这几家遭遇发展困境的独角兽几乎很难发展成为行业巨头。

Dropbox、Flipboard、Tango 各自所处的领域都已经引起了互联网巨头企业的重视，它们成功地激发了广大消费者的某种需求后，谷歌、微软、Facebook 等互联网巨头便凭借资本和技术方面的优势，快速抢占市场份额，从而使这些独角兽遭遇重大生存危机。

对于 Dropbox 而言，苹果的 iCloud、谷歌的 Google Drive、微软的

One Drive 进入云存储领域后，Dropbox 在存储空间和用户体验方面的优势已经彻底丧失；而对于 Flipboard 来说，Facebook 推出的 Paper、苹果公司推出的 Apple News、谷歌推出的 Play Newsstand 上线后，其用户流量便开始大规模流失；Tango 面对的市场竞争更为残酷，Whats App、Skype、Face Time、iMessage 等无一不是亿级用户产品。

更为严重的是，谷歌、微软、苹果、Facebook 等互联网巨头会将自身的产品内置在具备海量用户流量的平台中，而且这些产品适用于多个平台。也就是说，独角兽们的核心产品面对的并非是巨头企业开发出的单一的同品类产品，而是可能要与互联网巨头的综合平台进行竞争。

而且像云存储、移动阅读等领域的市场格局尚未稳定，消费者也没有培养出固定的使用习惯，因此很容易被互联网巨头通过类似的系统预装等方式抢走用户。

当然，除了来自于互联网巨头的外部压力，Dropbox、Flipboard、Tango 自身也存在着多方面的问题。独角兽公司初期大多使用免费模式积累用户流量，在进入独角兽行列后，无论是出于自身的生存需要，还是投资方追求投资回报的压力，都必然要开始考虑价值变现问题，即便不能立即实现盈利，至少也能找到一个切实可行的商业模式。

但 Dropbox、Flipboard、Tango 等许多独角兽在价值变现方面却难以取得实质突破，一旦对通过免费模式积累的活跃用户收费，这些用户就很容易流向竞争对手。而拥有海量资金的互联网巨头们几乎不会考虑通过这种产品实现短期盈利，它们更加在乎的是生态系统的打造。

很多互联网巨头也没有实现盈利，更不用说让 Dropbox、Flipboard、Tango 这三家正面临巨大生存危机的独角兽实现盈利。2015年10月，《华尔街日报》进行的一项调查显示，全球主要60家“独角兽企业”估值达到了4860亿美元，但它们的利润加起来却为零。很多业内人士都曾对于独角兽未来的盈利前景表示深深的担忧。

投融资机构对风险投资的态度变化，使得这些独角兽们感到不安。从2008年金融危机爆发至今，世界经济一直处于低迷期。近两年，无论是国内投资机构，还是海外投资机构，对于风险投资都显得格外谨慎，很多估值曾经迅猛增长的独角兽们的新一轮融资计划都被迫延迟或者调整融资额度。即便是有很大希望成为新巨头的 Snapchat 也遇到了估值被投资机构回调的问题。

◆ 独角兽陨落的主要原因

为何 Dropbox、Flipboard、Tango 三家独角兽难以成功发展成为行业巨头？主要是因为以下三个方面的因素：

1）互联网巨头的激烈竞争

要知道，Uber、Facebook、谷歌、亚马逊等巨头处于初创阶段时，市场环境远没有这般恶劣，当时的巨头企业也没有能力向诸多与其主营业务不相关的领域拓展。

Uber 这种传统行业的颠覆者，通过破坏性创新开辟了市场；在 Facebook 刚起步时，社交市场规模相当有限，当时该领域的 MySpace 还没成长为巨头（其2005年被默多克收购时，收购价格不过才5.8亿美元）；谷歌在初创时期，有能力和其竞争的巨头企业雅虎对于自主开发搜索产品没有兴趣，其管理层更多的是想以收购兼并的方式进军搜索市场。

如今，独角兽们面临的互联网巨头数量更多，实力更为强大，为了打造自己的闭环生态，巨头向诸多领域进行大规模扩张。像

Dropbox、Flipboard、Tango这三家独角兽分别对应的云存储、移动阅读、即时通信领域都是谷歌、亚马逊、Facebook等互联网巨头想要探索的领域。

2）产品丧失市场竞争力

Facebook、谷歌、亚马逊等企业能成为互联网巨头，最为关键的就是它们的产品始终保持着强大的核心竞争力，进而不断成为割据一方的巨头。当然，这些互联网巨头发展壮大后，由于覆盖的范围越来越多，产品也显得越发臃肿。

而如今的独角兽们，却很难在巨头企业面前形成核心竞争力，而且互联网巨头推出同品类产品的用户体验甚至要比这些独角兽们的产品更佳。再加上互联网巨头在品牌影响力和平台方面的优势，独角兽很容易出现用户大规模流失的问题。如果想要解决这一问题，独角兽就必须进行颠覆性创新。

3）价值变现问题

如果独角兽们能够长期保持较高的用户活跃度和市场份额，在盈利方面，投资方或许不会给予太多的压力。但一个市场中的用户规模是有限的，在信息过载时代，有太多的事物在分散人们的注意力，很多时候人们使用一款产品就是因为它带来的新鲜感，当这种感觉消失时人们会迅速转向其他产品。等到人们再想起这款产品时，可能就是因为手机内存被占用过多，需要卸载一些应用产品来释放存储空间。

用户活跃度下降、增速放缓时，企业的价值变现能力便成为投融资机构衡量创业公司投资价值的重要指标。而这些独角兽企业本身就是通过战略性亏损的免费模式取得的市场份额，当遇到互联网巨头企业推出的免费甚至是补贴的同品类产品时，其价值变现能力不足的短板就会暴露无遗。

◆ 独角兽的生存困境

虽然硅谷是全球创业者心中的圣地，但其中的绝大多数创业公司都以失败告终。而独角兽们已经走过了容易死亡的初期发展阶段，它们不大可能会彻底死亡。只要其产品能够保持一定的特色，并且在功能和体验方面与互联网巨头的同类产品不会有太大的差距，就仍然能够留住部分用户，从而以“小而美”的发展模式生存下来。相对于 Tango 来说，未来的 Evernote、Flipboard 都可以采用这种发展模式。

谋求上市是这些陷入发展困境的独角兽们得以继续生存的一大有效方式，不过这需要它们能够找到明确的变现方式。虽然融资会不可避免地遭到许多投资机构的拒绝，但随着估值被不断下调，终究能得到资本市场的认可。陷入发展困境的两家独角兽公司移动支付公司 Square 与云存储公司 Dropbox 积极谋求上市，就是很好的证明。

而将公司出售是更为实际的选择。当市场已经被互联网巨头抢占了大部分市场份额，又无法有效提升自身的盈利能力时，大部分的独角兽最终会走上被巨头收购兼并的命运。但被巨头控制后，很少有独角兽能够保持独立运营并不断发展壮大，更多是会以核心管理团队的集体出走而宣告失败。

一家初创公司能够进入独角兽的行列已经算是初步取得了成功，但其接下来的命运如何，与其所处的市场环境存在着较大的关联。如果身处于互联网巨头的阴影下，其成功的概率可谓是相当渺茫。而如今陷入发展困境的独角兽大部分是遭遇到了多家互联网巨头的阻击，在与互联网巨头比拼产品和服务等方面处于劣势地位。如果独角兽们想要寻求突破，只能通过颠覆性创新创造出现象级产品，或者发掘出新的细分领域。

【案例】腾讯的“双百计划”背后的布局

2015 年 1 月，腾讯针对创业者制订了一项投资计划，名为“双百计划”，其主要内容是投入 100 亿元资源，扶持 100 家创业公司实现市值过亿，将其打造成“独角兽”。在 2016 年的“互联网 +”峰会上，腾讯表示：从“双百计划”推出至今，腾讯已经成功孵化了 40 家公司，这些公司的总估值已经超过了 500 亿元人民币。

这些被腾讯选中的公司有的是被创投机构推荐的，有的是创业者毛遂自荐的，腾讯从中挑选优秀的项目，整合线上、线下的各种资源对其进行扶持。从目前的情况看，腾讯扶持的这些初创公司主要集中在医疗、教育、健康、社交、O2O 等领域。

“双百计划”是腾讯众创空间“五创”中“创投”的重要组成部分。在这个计划中，腾讯在选择投资对象的时候有自己的考量，没有单一地选择热门领域，也扶持了很多冷门领域的企业成长，但是这些领域都有一个共同点，就是与用户的生活紧密相关。在之后的时间里，随着移动互联网的普及应用及垂直领域的崛起，腾讯关注的目标将从几个领域转向全部领域，推动全领域的发展。

◆ 腾讯“双百计划”扶持项目案例

腾讯“双百计划”成功扶持了很多项目，如微影时代、萌店、阿凡题、轻松筹等。在这些项目中，有些已经成了行业的“独角兽”，发展势头迅猛。

在“双百计划”扶持的所有项目中，微影时代可谓是成功的典型。微影时代，一个以移动社交为基础发展起来的泛娱乐服务平台，腾讯整合各种资源对其进行大力扶持：首先为其提供腾讯的大数据资源帮助其提升电影的宣传、发布效率；其次又借助QQ、微信等社交平台资源为其打造电影消费闭环；最后借助线上、线下的全景式营销帮助其进行内容整合。在腾讯全要素资源的扶持下，微影时代一路成长为各制片方发行影视作品、开展影视作品营销首选的合作平台。

2015年，微影时代与200多部影片合作，联合发行的影片有40部，票房高达92亿元。2016年4月，微影时代宣布完成C+轮融资，估值达20亿美元。微影时代作为一个初创公司，能在这么短的时间里取得如此的发展成果，腾讯的扶持功不可没。

另外，“双百计划”扶持的“拼好货”——生鲜电商独立品牌中交易额最大的平台，月交易额过亿，并获得了高榕资本等机构的共同注资，估值近5亿美元；“美家帮”，一个互联网装修公司，半年的时间估值增长了6倍，并获得B轮融资近亿元；“阿凡题”，一个移动学习客户端，获B轮融资6000万美元。

◆ 腾讯孵化“独角兽”的两大策略

这些“独角兽”的诞生与腾讯“双百计划”的扶持息息相关，那么腾讯成功孵化出这些多“独角兽”的秘诀是什么呢？

1）秘诀一：整合线上、线下独有的资源对其进行扶持

腾讯拥有海量资源，其最核心的资源有四个：一是流量资源；二是业务合作；三是众创服务；四是品牌曝光。借助这些资源，腾讯能从各个维度对创业者提供支持。另外，如创业者有需要，腾讯还能联合第三方资源为其提供支持，为其成长、发展提

供助力。

2）秘诀二：大数据支持

腾讯多年来致力于社交平台和游戏的发展，积累了海量的数据资源，这些资源能够帮助腾讯寻找到最优秀的创业项目和合作伙伴。腾讯“双百计划”扶持的项目八成以上都在A轮或者以前，这完全要归功于大数据挖掘。

举个例子，腾讯对社交、O2O、电商、影音视频等领域的APP进行监测，监测的内容包括新增用户数量、用户活跃度、用户关注内容、用户价值等数据，通过对这些数据的挖掘分析来对初创项目进行评估、分析和监测，从而为“独角兽”的成功孵化奠定一个良好的基础。

◆“双百计划”的多方共赢逻辑

腾讯的“双百计划”倡导资源共享，为实现多方共赢提供了可能。

首先，从创业者的角度来看，得到“双百计划”的扶持意味着拥有了强大的资源支持。这个资源不仅有腾讯本身的各种资源，还有腾讯为了更好地扶持初创公司发展，与市场营销、开发设计等14类服务商达成了合作，能为创业者提供300种不同类型的服务，从项目创意到实施，腾讯能为其提供资金、人才、资源等各方面的支持，一站式解决创业者的众多难题，为创业项目的发展提供了充足的动力。

其次，从投资者的角度来说，借助大数据挖掘能够较为准确地锁定投资目标，减小了投资风险，为其获利提供了有效的保障。

由此可见，腾讯的“双百计划”在扶持初创企业快速成长方面有极大的优势，也取得了很大的成果，这不仅得益于腾讯所拥有的各种资源优势，还得益于大数据技术的支持。在未来的时间里，将有更多的“独角兽”从腾讯的“双百计划”中孵化而出，届时市场将呈现出一种全新的状态。

第8章 创投孵化：打造未来超级独角兽

互联网创投如何正确识别独角兽

在小米、滴滴、新美大等独角兽公司的引领下，迈入10亿美元俱乐部几乎成了国内所有创业者的目标。

互联网创投界迎来“独角兽时代”

在2010年以前，独角兽公司还是凤毛麟角，但在“互联网+”掀起的创业热潮后，各个行业几乎都相继出现了独角兽。在这样一个独角兽崛起的时代，广大创业者和投融资机构迎来了前所未有的重大机遇。

《财富》杂志发布的《全球独角兽名单》中显示，2015年全球范围内的独角兽公司增长了93家，独角兽公司总数达到了173家，中国以35家的数量成为继美国（拥有101家）之后第二大独角兽孵化基地。

虽然与估值相对较低的公司相比，独角兽公司可能会在遭遇危机时承受更高的风险，但这丝毫不能影响创业者想要戴上这副“金手铐”的热情。纵观历史长河中出现的独角兽，我们可以发现 IT 行业向来是独角兽诞生的一大热门领域，从多年以前的英特尔（Intel）、微软、思科，再到如今的 Facebook、Twitter、Snapchat 等，这些技术驱动独角兽公司都在各自领域内引发了一场巨大的技术革命。那么，未来哪些领域又会成为独角兽的摇篮呢？

◆ 独角兽诞生的热门领域及其特征

从近几年来看，在金融、汽车及电商领域的创业公司更容易发展成为独角兽。这些领域也是互联网创业的几大热门领域，它们具有以下三个方面的共同特征：

1）存在清晰的盈利模式。电子商务、互联网金融、互联网出行等在经历了一轮轮的价格战后，行业格局相对稳定，而且拥有着较为清晰的变现途径，这无疑使它们更容易受到资本方的青睐。

2）需要巨额资本提供支撑。“烧钱”几乎已经成为互联网时代创业公司的普遍现象，电商平台大打价格战、P2P 平台高利息争抢用户、滴滴与快的补贴大战等都需要投入巨额的资本。

3）在区域位置上，科研、资金及消费能力占据巨大优势的一线城市是独角兽公司比较集中的区域，从《财富》公布的数据来看，我国 80% 的创业公司主要集中在北上广。

此外，从独角兽公司的融资情况来看，绝大部分的独角兽都已走过 B 轮。阿里旗下的蚂蚁金服仅成立 2 年，其在最新完成的 B 轮融资就达到了 45 亿美元，估值更是高达 600 亿美元。蚂蚁金服飞速发展的背后，不仅是其拥有世界最大的电子商务公司阿里巴巴作为支撑，更为关键的是，定位云端银行、不设线下网点的蚂蚁金服开启了一个微金融时代。

从整体来看，走过 C 轮的独角兽公司数量与 B 轮的公司数量差距不大，但完成D轮的独角兽公司数量却大幅度下降，也难怪创投界会盛传“C轮死”。但从本质上来说，如果一家创业公司拥有着相对比较清晰的盈利模式，能够持续创造出新的增长点，那么无论其处于哪一轮融资，都会有成长为独角兽公司的巨大潜力。

◆ 未来独角兽企业的发展趋势

在国内掀起的一轮创业热潮中，数千万美元甚至数亿美元的巨额融资时常出现，在资本巨头的支撑下，创业公司的估值也在迅速增加。但是我们也可以了解到，在独角兽名单中除了小米、新美大等老兵，一些我们不太熟悉的后起之秀也迈入了这一行列。这些新秀们成立时间短、融资相对频繁、估值迅猛增长。更为关键的是，它们的背后都有着资本方的支持，那么未来的独角兽又会是什么样子的呢？

毋庸置疑的是，清晰的商业模式、强大的技术支撑、对用户需求敏感确实是成就一家独角兽不可或缺的条件，但更为关键的是，企业需要积极承担服务社会、为用户创造价值，对其自身所从事的领域有着较强的改造愿景，向社会传播正能量。

很多独角兽公司的创始人的创业动机都是为了解决其在生活中所遇到的问题，Uber创始人特拉维斯·卡兰尼克（Travis Kalanick）的创业灵感源自于其与朋友想要打车去参加会议，结果在风雪中等待了几个小时仍未打上出租车。愤怒的他在心中定下目标，表示一定要通过革命性的软件应用来解决这一问题。正是像特拉维斯·卡兰尼克一般坚信自己能为整个行业带来颠覆性变革的目标，让创业者们在各自从事的领域精耕细作，最终走向成功。

在市场环境无时无刻不在发生改变的移动互联网时代，一个企业的价值观将会成为其在参与市场竞争过程中的重要支撑，缺乏正确价值导向的企业很容易迷失方向。传统的过度追求利润的发展思路，已经不再适用于用户主导的新消费时代，那些能够百年常青、赢得人们的认可与尊重的企业，都是将为社会创造价值作为自己的首要目标，这与近年来独角兽公司所倡导的新价值观——“让世界更美好”不谋而合。

汽车后市场：下一个独角兽掘金机会

2015年，国内O2O产业迎来爆发式增长期，外卖、出行、家政等诸多行业都有O2O创业公司快速崛起。虽然很多O2O创业公司最终走向了失败的命运，但仍出现了滴滴、新美大、饿了么等独角兽公司。

而作为具有巨大发展前景的汽车后市场，近两年也掀起了一轮O2O创业热潮。在汽车后市场，上门保养、预定洗车、汽车改装、汽车金融等多种业务蓬勃发展。据公布的数据显示，2015年以来，有多家汽车后市场创业公司入局，其中部分创业公司还获得了资本市场的认可。

之所以会有如此多的创业者进入该领域，最为关键的就是汽车后市场存在着广阔的发展前景。据研究机构公布的数据显示，2015年中国汽车后市场规模达到8000亿元。2016年中国公安部交管局发布的公告显示，截至2015年底，全国机动车保有量达到2.79亿辆，其中汽车保有量达到1.72亿辆。

不难想象，如此庞大的市场规模足以支撑起多家独角兽创业公司，不过对于想要进入该领域的创业者首先需要明白的是：由于互联网向汽车后市场的不断渗透，汽车产业开始逐渐从之前的重资产型产业向服务型产业转变。通过O2O模式来进军汽车后市场更多的是一个切入点，能够升级为服务型平台才是最终的目标。

◆ 汽车后市场的大生态

汽车后市场覆盖的范围十分广泛，它包含了汽车销售完成到汽车报废过程中所有的相关服务。资深汽车行业从业者曾经对主要的汽车后市场的业务进行了总结：汽车维修、汽车保养、汽车电子、汽车改装、汽车租赁、汽车文化、汽车金融、汽车广告、汽车饰品、汽车俱乐部、二手车交易等。

由于我国庞大的汽车保有量，使得这些业务都存在着良好的发展前景，而且经过进一步细分，这些市场还出现了更多的领域。不过从当前来看，国内的汽车后市场创业公司主要集中在汽车维修、汽车保养、二手车交易等几个细分领域。而且这些创业公司大多集中在经济较为发达的一线和二线城市。

◆ 由细分到生态的成长路径

虽然在市场覆盖范围和用户规模方面仍存在着一定的不足，但这却是独角兽公司发展过程中必然要经历的阶段。从单点切入到快速增长，再到生态布局是能成为独角兽的创业公司经历的三大阶段。从外卖、出行等领域的O2O创业公司的发展历程来看，经一轮轮激烈的“烧钱大战”后，汽车后市场O2O将会进入加速整合期，最终催生出几家独角兽公司。

1）细分领域单点切入

事实上，不仅是汽车后市场，很多领域的O2O创业公司在成立初期都选择的是单点切入。例如，车点点选择的切入点是洗车；伊捷卡选择的切入点是汽车保养；车极客选择的则是汽车维修；瓜子

图 8－1　汽车后市场的成长路径

二手车选择的则是二手车交易等。确定了切入点后，这些创业公司通常就是采用“烧钱补贴”的方式快速抢占市场份额，并激发用户的消费需求。

2）提速运营实现垄断

切入市场后，随着行业烧钱补贴大战越发激烈，许多发展速度较为缓慢的创业公司难以得到资本市场的认可，从而导致由于资金链断裂而被迫走向死亡。部分企业则借助差异化竞争、进行商业模式创新等方式生存下来。

曾经一片风光的哒哒洗车在烧光融资后黯然离场，市场份额迅速被同行业竞争对手瓜分。对于洗车公司而言，最为关键的就是如何解决转化率较低的问题。不久前，媒体报道称北京一家上门洗车O2O创业公司虽然通过“首单免费、此后每次洗车只需19元、平均洗车所用时间仅为20分钟”而吸引了大量的用户流量，但其管理层仍然对较低的转化率感到手足无措。

BigData-Research发布的研究报告称，洗车类APP产品的活跃用户数量长期处于较低的水平，而进行合理布局并对运营策略进行优化调整是 O2O 创业公司提升用户服务体验和转化率的关键所在。在整体转化率处于较低水平的 O2O 洗车市场中，创业者需要找到清晰而明确的商业模式，并尽快将其落地，从而赢得资本市场的认可。

从实际的发展情况来看，洗车更像是汽车后市场的流量入口，仅通过洗车业务很难让公司实现盈利，洗车 O2O 创业公司需要借助维修、金融等增值服务来探索更多的盈利模式。以车点点为例，该公司不仅向车主提供洗车服务，还为车主提供汽车美容、车务代办、道路救援等诸多增值服务。

3）业务扩张构建平台

从现有汽车后市场 O2O 创业公司的整体发展情况来看，该领域的创业公司目前主要集中在单点切入和快速增长阶段，真正进入生态布局阶段的创业公司是凤毛麟角。

诚然，汽车后市场 O2O 创业公司的出现解决了车主面临的一些需求痛点，但在平台搭建方面这些企业很难实现突破，而要想成为一家独角兽则必须要通过打造整合优质资源的平台，来探索汽车后市场产业链闭环模式。

以出行 O2O 领域的独角兽滴滴为例，其未来的发展路径已经十分明确：借助于 O2O 及大数据将自身升级为涵盖车辆调度、整车销售、汽车金融等诸多领域的综合服务平台。但是，2016 年国内多个地区出台的网约车细则，也让滴滴未来的发展蒙上了一层阴影。

未来能够成长为独角兽的汽车 O2O 创业公司，最终必然要将自身打造成为覆盖洗车、维修、广告、金融等多种服务的综合汽车服务平台，通过线上和线下的深度融合的平台型发展模式，让广大车主享受到方便快捷的一站式汽车后市场服务。

◆ 汽车后市场的难点和痛点

当然，对于当下诸多汽车后市场 O2O 创业公司来说，打造综合服务平台仍有很长的一段路要走。在朝着独角兽公司不断迈进的发展过程中，汽车后市场 O2O 创业公司必须解决以下几个方面的痛点。

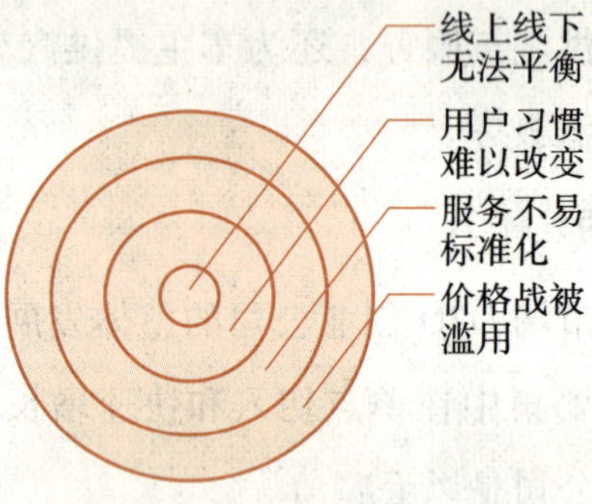

图 8－2　汽车后市场的难点和痛点

1）线上线下无法平衡

从行业发展的角度来看，O2O 产业普遍存在着过度侧重线上布局，而忽略线下发展的问题。借助优惠补贴，线上平台确实能够吸引相当多的用户流量，但是由于缺乏优秀的线下服务导致用户很容易流失。

虽然线上补贴引流，线下完成交易是 O2O 产业的普遍玩法，但汽车后市场与其他市场存在着明显的差异，因为汽车相对比较昂贵，而且车主的习惯很难改变。相对于线上的优惠而言，线下的服务体验反而显得更为关键。所以汽车 O2O 创业公司需要对线下服务予以高度重视，同时布局线上和线下才能赢得广大车主的认可。

2）用户习惯难以改变

汽车后市场的消费习惯很难改变，以洗车为例，一个车主选择了某个商家后，如果没有特殊情况一般不会更换。

这就导致 O2O 创业企业面临着一个发展困境，因为车主对自己经常消费的商家有着较强的忠实度，很可能车主前往这些门店消费时，店内的服务人员就已经将下次的优惠券提供给了这些车主。所以，仅从线上端恐怕很难打破现有的汽车后市场格局。要完成这一项庞大而复杂的系统工程可能需要汽车后市场 O2O 创业公司，从车主消费习惯、大数据技术、地理位置等方面做出相应的布局。

3）服务不易标准化

汽车后市场对于线下服务商的严重依赖性，导致了 O2O 创业公司难以实现服务标准化。不同服务商的服务态度、收费标准、服务标准很难实现统一。

2015 年 3 月 7 日至 8 日在北京举行的 Asworld 2015 汽车服务世界大会中，就有与会人员指出，长时间以来，汽车服务商由于缺乏统一监管体制，导致其服务规范化及标准化程度相当有限。在 O2O 创业公司介入后，这一问题更是被无限放大。目前，O2O 创业公司采用与线下服务商进行合作的方式满足车主的消费需求，但在服务质量的标准化方面却没有主动权，这将会成为限制 O2O 创业公司发展成为大型综合平台的一大阻碍。

此外，在大量车主的汽车后市场消费需求得不到满足的背景下，国内出现了大量的小微汽车服务商，这些商家更加注重的是如何获取更高的利润，而没有在提升员工的技能和素质方面投入足够的精力，这也在一定程度上限制了整个汽车后市场 O2O 产业的发展。

4）价格战被滥用

大打价格战的持续烧钱玩法究竟何时能够终结，这是整个汽车后市场 O2O 产业面临的最大问题。毋庸置疑的是，处在风口端的汽车后服务 O2O 市场即将迎来爆发式增长期，但行业内的烧钱乱象始终未能终结，过度价格战对整个产业生态产生了严重的负面影响。当下汽车后服务市场仍未出现一个在国内市场具有较强统治力的巨头，距离独角兽的出现还有多长的时间很难给出明确的答案。

O2O 模式只不过是汽车后市场公司得以实现单点切入的有效手段，并非是终极目标，最终还是要完成向服务型平台的转型升级。不过，令从业者感到欣慰的是，近两年红杉、经纬等多家投资机构已经开始进军汽车后市场领域，在资本的驱动下，行业必将进入加速整合期，从而催生出多家汽车后市场领域的独角兽。

【案例】小米如何孵化培育独角兽

优秀企业的发展离不开生态链的建设与完善，独角兽企业更是如此。为此，在早期阶段要通过创新措施突破传统模式的限制，在后续发展过程中则需通过渐进性创新来推动整体发展。而在通常情况下，渐进性创新需要依靠完善的机制，而不是突发的灵感。

根据小米公开的报告显示，到 2016 年 3 月底，小米总共向 55 家初创公司注资，在这些公司中，有 29 家企业属于白手起家，在之前并没有实力基础，如今，已有 4 家企业进入独角兽俱乐部，估值突破了 10 亿美元。以大多数风投机构的成功率为参考，可以说小米十分擅长投资，其创始人雷军也给出了高评价。

由此可以得出这样的结论：虽然现阶段小米的发展势头不如之前旺盛，但其在生态体系建设方面还是很杰出的。这也是小米引以为豪的一个重要方面。

小米给予资金支持的初创公司在后续发展过程中，往往会在产品设计及检测、定价等方面与投资方持有不同的意见，不过到最后，大部分公司还是采用小米的策略。它们之所以最终改变了自己的观点，是因为小米从价值理念层面说服了它们，而不是因为小米手中掌握的股权。

若从更加长远的角度来分析，小米是否可以通过资源及其他方面的支持，孵化出更多的优秀企业，促使其进入“独角兽”行列？

经过数年的发展，小米的生态体系日臻完善，体现出创始人雷军的颠覆性创新精神，而这也是小米本身的文化内涵。在今后的发展中，小米要想通过平台化运营继续培养独角兽企业，就要更加注重渐进性创新的应用。在这个过程中，既要提高对企业创新的重视程度，又要注重产品研发，还要不断完善企业的机制体系，明确企业的总体发展目标，从各个方面推动平台建设和运营。

◆ 允许创新和尝试，勇于承担风险

要创新就要敢于尝试，还要勇于承担失败的风险，表面上看起来，这些尝试只涉及参与主体的胆量，但从更加深入的角度来分析，这其实是一种“试错文化”。说到胆量，仅仅是短时间内的决心，而“试错文化”考虑的因素更多，并不只是一时的冲动。

在这方面的代表公司是位于美国加州的皮克斯动画室，该公司成立于1986年。

在与迪士尼合作的初期阶段，迪士尼公司以投资与发行工作为主，涉及作品的主题设计及具体电脑操作环节，都由皮克斯一手完成。迪士尼公司曾在1997年做出要通过DVD平台运营动画作品《玩具总动员2》的决定，但皮克斯同意之后却又违背了自己的承诺，原因在于，皮克斯本身非常注重作品的内容，而该项目的运营方式不符合他们的初衷。虽然皮克斯没有按照原计划进行，但迪士

尼最终选择尊重其意见，并未追究其责任。

“试错文化”在很大程度上推动了皮克斯的进步与发展。而且，虽然迪士尼在那个时候掌握着话语权，但该公司没有强制要求皮克斯在模式和价值观念方面与自身保持统一，仍然尊重皮克斯沿着自己的道路前进，保留其自身的独特性。

再来看一下小米的培育方式，在构建生态链的早期阶段，很多在小米支持下的初创企业，都套用了小米的文化体系，所有的模式设定都没有脱离小米本身的轨迹。虽然这种方式能够壮大小米的队伍，在短期内突显自身的竞争优势，但从长远来看，可能会导致生态系统中的模式过于单一，无法发挥不同模式之间的补充和协同作用。

到后期阶段，小米的投资重点也开始向其他方向转移。在 2015 年之前，小米对智能硬件企业的投资还以初创公司为主，进入 2015 年后，小米则开始转变自身的角色设定，由“培育者”转为“支持者”，代表性案例是对电动平衡车企业 Ninebot 进行投资，该公司到 2015 年时已经拥有了一定实力，借助小米的推动，成功拿下电动平衡车公司 Segway，进一步壮大了企业的规模。

小米的生态建设开始于 2014 年，如今，其投资方向已经从创业团队转为拥有一定规模基础的公司。对于生态体系中其他公司的发展，如今的小米主要是提供支持，早期完全效仿小米模式发展而来的企业，也在不断增长。此外，部分企业经过持续的发展可能会逐渐脱离小米的模式，打造独立的品牌，对此，小米也将予以认可，之所以这样做，主要是因为小米与这些公司之间存在利益关系，作为企业的投资方，小米仍然能够从公司的发展中获益。

◆ 注重技术创新的驱动作用，加大研发投入

对平台型公司而言，“软件”代表企业的关键性内容，具有鲜明特征；“硬件”则代表技术创新，在企业发展过程中，“软件”与“硬件”都发挥着重要作用，任何一方面的缺失，都能够导致企业迅速走向衰落。

由 DeepMind 开发的人工智能程序 AlphaGo 战胜韩国围棋冠军李世石，足见其技术水平之高。随着大数据和云计算技术、智能传感技术的不断发展，人工智能技术也取得了显著成效。DeepMind 的团队成员中很多都是优秀的科技人才，他们共同为公司提供了多项技术方案。

谷歌自 2015 年开始，便在技术研发方面投入更多的资本与精力，其技术力量将在 DeepMind 的人工智能发展上得到更多体现，DeepMind 的核心算法成功吸引了谷歌的关注，并为其人工智能的持续性发展提供各方面资源支持，如技术支持、海量的数据资源、价值观方面的引导等，将大力推动 DeepMind 在今后的发展。

再来分析一下国内的创新企业，其多数为简单的技术应用或完全采用照搬模式，而随着技术创新的推动作用愈加明显，这些企业只会因不具备技术优势而无法掌握竞争主动权。与此形成鲜明对比的是，华为公司已掌握了多项技术专利，如今，该公司已经成为技术类企业的杰出代表。华为的创始人任正非本人也非常关注最新的技术资讯。

从内容方面来分析，苹果公司通过独立研发手机、平板电脑等产品，以硬件产品的应用激发用户对 iTunes 内容的需求，延长了收益周期，建立起封闭、成熟的生态体系。再如呈现良好发展势头的

乐视，同样是以在初期发展阶段积累的丰富版权内容为依托，构建起新型生态体系。与此同时，小米也看到了内容发展的巨大潜力，不惜以10亿美元的投资力度来丰富自身的内容体系，不过小米到现在仍然存在严重的内容缺口。

◆ 以完善的机制体系推动渐进性创新

2015年4月，小米宣布与顺为、红杉、华山共同向智能代步运营商Ninebot投资8000万美元。Ninebot在与小米合作的过程中，能够获得小米的渠道资源，拓展自身产品的营销渠道、采购渠道及资金渠道等。之后，Ninebot宣布收购电动平衡车鼻祖Segway的全部股权及资产，在这个过程中，也离不开小米的支撑作用。

再从另外一个角度来分析，Ninebot联合小米推出的一款智能代步车，起初的计划价格为14900元，但最终定为1900元，小米在这个过程中发挥了重要作用。与最初的计划价格相比，1900元的产品售价对Ninebot来说无异于自杀，因为无论是Ninebot本身还是整个平衡车领域的运作体系，都不能担负得起如此高成本的消耗。不过在与小米达成合作关系后，借助其完善的供应体系和品牌营销策略，Ninebot就算降低产品出售价格，也不会血本无归。

而且，渐进性创新在平台型企业的长远发展中发挥着重要作用，因此，公司发展还要以完善的机制建设为基础。完善的机制体系，需要以强大的预算支持能力来突破短期业绩的限制。举例来说，谷歌之所以将DeepMind收入囊中，主要是出于对DeepMind的核心算法及其在人工智能研发方面的青睐，而为了要在短期内获得投资回报才做出这个决定，其投资目光要更加长远。

◆ 信仰是打造创新型组织的灵魂

在建设企业生态链的过程中，渐进性创新比颠覆性创新能够发挥更大作用的原因是什么？

原因在于，往往只有那些拥有独特天赋的杰出人才才能引发颠覆性创新，具有代表性的是小米模式的缔造者雷军；渐进性创新则不同，它通常是由团队整体来实现的。在平台生态链建设及完善的过程中，最重要的是团队是否拥有长期目标，与此同时，内部成员要团结一致，为实现共同的目标而努力。

长期目标的树立能够明确团队成员的责任与使命，支撑团队不断进取，共同努力，是凝聚内部成员的重要力量。以谷歌为例，该公司的使命是，组织全球信息，使每个人都可以访问和使用，企业的长期目标是，把服务延伸至所有终端装置，明确了谷歌的发展方向及自身定位。如今已隶属于谷歌的 DeepMind，从并购中获益，推动了团队在人工智能领域的深入发展。谷歌通过渐进性创新促进了自身生态体系的完善，为 DeepMind 的迅速崛起提供了平台支撑，也造就了能够吸引世人眼光的 AlphaGo 程序。

还有小米，进入 2016 年后，该公司多次强调要运用“工匠精神”打造“新国货”。除小米本身之外，其创始人雷军还对小米生态体系中各个环节的企业同样灌之以“新国货”的价值理念，以促使不同企业之间相互协作，共同努力。

【案例】乐视生态下的独角兽孵化模式

2015 年 11 月，乐视宣布乐视移动完成首轮融资，资金规模达 5.3 亿美元，刷新行业内融资纪录，其估值达 55 亿美元。2015 年出炉排名前十的 TMT 独角兽企业榜单，除了乐视移动，乐视体育也位列其中。

仅乐视旗下的企业在十大 TMT 独角兽企业中就占了 20%，其中，乐视移动智能位居亚军之位，乐视体育排在第 4 名，成为乐视实力的代表。看来，我国虽然在近几年兴起一大批创投孵化器，但绝大部分都不及乐视生态。

尤其值得关注的是，乐视体育与乐视移动智能都是在诞生后不久迅速成长为独角兽企业的。乐视体育在 2014 年 3 月建立，到 2015 年 7 月，其估值就达到了 30 亿美元。乐视移动的发展更为迅猛，在 2015 年乐视手机推出 6 个月后，其估值就突破了 50 亿美元。

乐视生态究竟采取了什么措施，才能在一年内孵化出两家独角兽企业？

◆ 一年孵化两家独角兽的奇迹

乐视体育在荣升 2015 年 TMT 行业独角兽企业第 4 名之后，紧接着又成为业内关注的焦点。

2015 年 11 月 17 日，鸟巢乐视体育文化产业基金成立新闻发布会在首都北京召开，该基金简称“乐体创投”，由乐视体育与北京鸟巢文化创意交流有限责任公司联合发起，基金规模达 50 亿元，在其运营过程中，会调动各方力量促进体育商业生态体系的发展与完善，提高体育产业的运营效率和产值。

出人意料的是，如今一派繁荣的互联网体育公司是从乐视体育频道发展而来的。乐视体育建立初期的业务形态以线上视频平台为主，如今，该公司已经形成了完整的产业链系统，涵盖赛事运营、内容生产及输出、增值服务及智能硬件产品等多个方面。

从这个时期开始，乐视体育的发展呈迅猛姿态。乐视体育在 2015 年 9 月投资 2 亿美元购买了英超从 2016 - 17 赛季开始未来三个赛季的香港地区的独家转播权；同年 10 月底，乐视体育投资 1.1 亿美元将 2017 年开始的与四年亚足联赛相关的全部比赛活动在内陆地区的全媒体版权收入囊中，在同一天，乐视体育宣布与世界体育集团达成战略合作关系，用 7500 万美元买下其 20% 的股份。如今，乐视体育囊括的体育赛事有 200 多项，总体数量达上万场，在体育版权方面占有绝对优势地位。此外，乐视体育在 2015 年 7 月开始进行第二轮融资，估值接近 30 亿美元。

比乐视体育发展更快的是乐视移动智能。有消息称，乐视移动智能的团队规模已达 1000 人以上，隶属于乐视控股集团，乐视网、乐视影业、乐视汽车、乐视体育也都是该集团的下属企业。

乐视超级手机于 2015 年 4 月 14 日正式发布，其智能手机产品推出后，便以生态手机形式成为手机行业内的中心话题。乐视超级手机在 2015 年“双十一”期间取得显著成绩。乐视手机乐 1s 在京东商城 3C 类单品新品的销量居于首位，在总销量中居于亚军之位。与此同时，乐 Max 在国产 3000 元旗舰手机的销售规模比拼赛中居于首位。而且，在京东商城的所有手机销售中，乐视手机的销量位列前五名，在电商平台手机销售中同样位列前五名，其发展之迅猛可见一斑。

尤其值得关注的是，早在“双十一”购物狂欢节未开始之时，乐 1s 早已进行了两次大规模的销售：在 11 月 3 日乐 1s 正式发布一个小时后，该产品的销量就突破了 55 万部；之后，乐 1s 在 11 月 9 日举行了第二次销售，因为现货不足，此次销售活动采用预售与现货销售相结合的模式，但其销售规模仍然超过华为、小米等主流品牌的销量。在接下来的“双十一”期间，该款产品依然拿下显著成就，实在是难能可贵。

作为新发布的产品，乐视手机先是在最短的时间内达到上百万的销量，后又进入手机销量和占有率的第一阵营，使得该品牌吸引了众多投资者关注的目光。如今，其融资规模已高达5.3亿美元。

◆ 超级生态成就独角兽孵化器

仅用了一年的时间，由乐视生态打造的独角兽企业就达2个，足以证明乐视生态的强大实力。

乐视生态采用平台化运营、内容生产及输出、终端产品运营及应用市场发展相结合的战略模式，迅速将乐视移动智能与乐视体育推举为行业内的佼佼者。

乐视构建的生态体系具有自己鲜明的独特性。乐视经过长期的发展，形成了完整、开放的生态体系，涵盖了垂直整合的完整生态链以及横向延伸的生态系统，后者具有更高的开放性。垂直整合的完整生态链，围绕更好地服务用户展开运营，将平台、内容、终端、应用结合起来，建立完善的生态体系，实现跨产业、跨组织的运营，进行全方位的创新应用，实现不同环节之间的资源及技术整合，突出产品的创新特点，提升用户体验。

横向延伸的生态系统，意即与平台、内容、终端、应用相关的所有环节实现资源共享，通过联手其他公司，推动自身的业务发展，壮大资本实力，获得更多的用户积累，逐渐消除传统模式下不同企业之间在资源、产品及利益方面的隔阂，通过企业之间的联手，达到共赢效果。

乐视移动智能与乐视体育之所以能够在短时间内成长为独角兽企业，原因就在于乐视建立的完整生态系统能够进行独立创新，并随着时间迁移不断改革与完善，通过大环境的支持作用推动了乐视移动与乐视体育的飞速发展。

而且，在乐视移动智能与乐视体育这两家行业翘楚之外，乐视生态中还有部分企业拥有很大的发展潜力，很有可能在将来成为独角兽俱乐部的一员。举例来说，乐视云在2016年3月宣布完成首轮融资，资金规模达10亿元，整体估值在70亿元人民币以上，成为新晋独角兽企业。除此之外，乐视超级汽车也在不断发展中，可能成为下一个超级独角兽。

值得一提的是，乐视云掌握大型视频云开放平台，为4K及H.265领先视频技术的运营提供保障，在世界各地建设了数百个内容分发网络节点及高速宽带基础设施，通过提高技术应用水平改善视频播放的画质、清晰度等，提升用户体验，并允许其他企业进行技术连接，提供平台支持。

目前，乐视围绕互联网生态系统的运营，经过一系列拓展，形成了完整的生态体系，涵盖内容生态、手机生态、体育生态、汽车生态、互联网金融生态以及大屏生态七个产业生态系统，这些生态系统都拥有巨大的市场开发空间。

无论是在互联网最早出现的商业模式下，还是传统工业时代，这七个不同的产业之间都没有交集，它们之间是彼此分割的，最多的关联也仅限于产品推出后可能存在些许相关性。在乐视生态体系内部，网络及云平台使彼此之间的联系更加紧密，将这些产业整合起来，发挥协同作用。

可见，乐视的生态系统模式确实能够加速企业发展，使其在运营过程中体现竞争优势，乐视生态也被业内人士视为“最牛孵化器”。

Part 3

专注细分

垂直领域的独角兽

第 9 章 O2O独角兽：资本裹挟下的O2O大战

诞生 O2O 独角兽的领域细分

现今，国内有两个备受资本青睐的市场，一是股票市场，二是创业市场。在政策和资本的推动下，我国出现了一个创业热潮。但是随着互联网、移动互联网的发展，在创业风口还没有过去的情况下，互联网产业却迎来了洗牌期，不规范的互联网企业要调整、整顿，一大波互联网企业倒闭或者即将倒闭。

在这个矛盾的时期，或有一批初创企业借机兴起。在 O2O 的三大领域——电商、社区、本地生活服务中，哪个领域能御风而起，诞生 O2O 独角兽呢？

◆ O2O + 电商

在互联网企业中电商可谓是元老，也是 O2O 布局方面的先行者。在互联网飞速发展的情况下，BAT 三巨头仿佛已经预见了未来互联网企业发展的危机，率先开始了 O2O 布局。以腾讯与京东、万达的联手，阿里巴巴在苏宁的注资为信号，各新兴的电商平台都纷纷站队开始抢夺O2O市场。在“互联网+”时代，我们提倡“跨界”发展，从本质上来讲，这个“跨界”就是抢夺行业资源，抢占行业市场。

现如今，在电商领域，已经细分出了诸多O2O电商模式，如跨境电商O2O、汽车电商O2O、生鲜电商O2O等。在各细分领域均出现了许多新型电商企业，这些电商企业在借鉴老牌电商发展模式的基础上，又极具特色——产品有卖点、服务有特色，吸引了众多投资者的注意，“小而美”的企业层出不穷。

尽管，这些“小而美”的企业难以在短时间内与老牌电商抗衡，但是最终谁能成为行业的“独角兽”尚是未知数。

◆ O2O+本地生活服务

本地生活服务，可以说是O2O布局最成熟的领域，在这个领域，“强者恒强”的规律得到了充分印证。首先，百度糯米、美团、大众点评都占据了较大的市场份额，新兴平台不足以和它们相较，它们只能彼此较量。但是，本地生活服务的细分领域也非常多，很多新兴企业避其锋芒，从这些细分领域找到了突破点。如外卖领域的饿了么、口碑外卖等，都获得了大量的资金支持，在本地生活服务领域占据了一定的市场份额，就连美团也不能轻而易举地撼动其地位。

在其他领域，电影院、酒店等和O2O平台连接的渠道非常多，如酒店可以和旅行产品挂钩，为消费者提供线上预订、线下消费服务；电影院可以与团购产品挂钩，为消费者提供线上预订、线下消费服务等。在这个领域，互联网企业层出不穷，总会有一两个企业获得资本青睐，成为该领域的“独角兽”。

◆ O2O＋社区

“互联网＋社区”出现之初就被预言其市场规模将达亿万级，其中也不乏巨头进入。例如，腾讯和恒大合作进入该领域，可以说并没有太多实质性的收获，这让很多投资者和企业家对该领域的发展前景产生了质疑。在O2O＋社区领域，一开始的万众瞩目已成为过往云烟，发展至今仍没有出现一家成功的互联网企业，也没有成功的传统转型企业，着实令人唏嘘。

事实上，现如今的O2O＋社区，与几年前的垂直电商非常相似，都处于混战期。各种垂直服务的社区O2O层出不穷，如洗衣服务、美甲服务、家政保洁服务等。再加之各种互联网企业的强行进入，这些企业高唱着“为物业提供通道与方便”的口号，致力于做好导流工作，实际上对于物业来说，这些企业的项目难以为其提供太大的辅助作用。

在O2O＋社区领域，企业能否成功不在于线上导流工作做得好不好，而在于用户生活中心附近有多少服务项目，这些项目能不能有效地满足用户需求，能不能带给用户极致的服务体验。从这个层面来看，社区O2O领域的互联网企业能否存活，关键在于其线下服务能力是否优质。因此，该领域的互联网企业在做好线上平台的同时，还要提升线下服务水平，做好线下产品体验工作，以实现持续盈利，在社区O2O领域立足。

社区O2O领域最终的企业形态很有可能是O2O和传统品牌并行的模式。首先，O2O模式降低了获取顾客的成本和交易成本，帮助传统品牌增强了市场竞争力。同时，社区O2O领域的市场竞争归根结底还是服务的竞争，谁的服务好，谁就能在竞争中取胜，而传统品牌在这方面有很大的优势。所以，O2O＋社区并不是死路一条，只要找到正确的发展模式，它就仍然有很大的市场发展潜力。

在 O2O 三大领域，无论是发展一路向好的电商，发展非常成熟的本地生活服务，还是不被看好的社区，其制胜法宝都是做好线下服务。只有做好线下服务，O2O 才有可能朝着更高的方向发起冲击，才有可能孕育出领域独角兽。

生活服务领域的“资本战争”

生活服务领域的 O2O 模式已经发展得较为成熟，但是该领域的资本战争也打得非常激烈。比如生活服务领域赶集网和 58 同城的战争，出行服务领域滴滴和快的的战争，其结果都是两个平台的合并；再如，餐饮外卖服务领域饿了么和美团之间愈演愈烈的竞争；等等。激烈的市场竞争无一不告诉我们生活服务领域的 O2O 已经进入了孕育独角兽的时代。

◆ O2O 市场的资本大战

2016 年 6 月，百度糯米发布了“会员 +” O2O 生态战略，声称将用 3 年的时间来向美团发起挑战，以占据市场主导地位。同一天，阿里巴巴宣布和银泰达成全面合作协议，大众点评宣布与百盛形成联合。至此，百度、阿里巴巴、腾讯三大巨头齐聚 O2O 市场，O2O 市场的资本大战一触即发。

从目前的发展形势来看，O2O 市场是一个以烧钱来维持生存、开展竞争的市场，这个市场没有任何技术含量，产品及服务的同质化现象异常严重。百度糯米投资 200 亿元来向美团发起挑战有力地印证了这一点。但目前，美团在团购市场上所占据的份额超过了 62%，是第 2 名的 2 倍多。而这一市场格局在百度糯米的眼中只是暂时的，200亿元的投资就是要打破这一市场格局，借助平台挖掘更多本地化服务需求，实现“去团购化”，以撼动美团的霸主地位。

◆ 合并后58与赶集的制胜之路

以赶集网、58同城为代表的网站和社区，都是从信息分享、二手交易向为用户提供本地化生活服务的O2O平台转变的。在国内的地方网站中，58同城和赶集网是其中的佼佼者，这两个平台的合并生成了国内最大的本地化O2O生活服务平台，可以为消费者提供一站式服务。在该领域，“一家独大”的市场格局正在逐步形成。

58同城和赶集网合并之后的平台可以为用户提供房产租赁、招聘、汽车租售、教育培训、票务预订等多种类型的本地生活服务。当然，这些服务有轻有重，其中58同城和赶集网在合并之前各自的主要服务就是合并之后的侧重点，如房产、汽车、招聘、二手交易等，在合并之后，平台对这些服务进行整合将其打造为合并后的优势领域。

对于合并之后的新平台来说，除了房产、汽车、招聘等优势领域，其他的垂直生活服务领域都要面临诸多挑战。58新平台要想有效地应对这些挑战，可以采取两种方法：一是加大在该领域的投入，提升竞争力；二是收购该领域具有竞争力的平台、企业，以快速提升竞争力。对于这两种应对挑战、提升竞争力的模式，58新平台都会采用，在未来的发展中，第二种模式应用的频率会越来越多。

◆ 支付宝抢占生活服务市场

支付宝自出现以来就深深地影响着人们的生活，随着支付宝的迭代更新，支付宝9.0的出现更是引起了轩然大波。在支付宝9.0中，除了原有的支付功能，还增添了朋友界面和实时通信功能，支付宝的意图昭然若揭。

支付宝属于工具型产品，而工具型产品最重要的一个特点就是能够构建产品使用情景，让用户在特定的场景下率先想到该产品，例如，用户在购物支付时会率先想到支付宝等。因此，对于工具型产品来说，要想更好地运营，首先要强化场景化运营思维。

支付宝最先出现的时候是PC端的第三方担保支付工具。后来，出现了手机支付宝钱包，充话费、买电影票、信用卡还款、交水费、交电费等功能为人们生活提供了极大的便利；再后来，余额宝等理财产品出现，支付宝从单纯的支付功能中摆脱了出来，朝着更广阔的领域发展。

从这个层面来看，支付宝未来的发展方向就是将与“钱”有关的服务串联在一起，无限扩展支付场景，让“支付宝”代替“钱”为人们服务。

现如今，在生活服务领域的O2O市场上，互联网巨头都已经开始了布局，并且产生了激烈的争夺。要想在激烈的市场争夺中取胜，不仅要消耗人力、物力，还要消耗大量的财力——需要财力补贴来抢占市场。在未来很长的一段时期之内，补贴战将成为生活服务领域O2O的主流，将推动该领域从一个草根创业场走向巨头竞争的角斗场，催生出行业独角兽。

打造O2O独角兽的四大法则

如果将2014年视为O2O元年，那么到2016年，仅仅两年的时间，O2O市场已经发生了天翻地覆的变化。初期，以京东、百度为代表的行业巨头纷纷布局，引领各创业者以“初生牛犊不怕虎”之势迅速切入并占领市场；后期，经过资本寒冬之后，一大波新兴的O2O企业纷纷倒闭、落幕，留存的企业寥寥无几，令人感慨万千。

但是这一现象并不代表O2O没有发展潜力和发展前景，只能说明这些倒闭企业采用的发展模式是不对的。因为，在O2O市场上依然有e袋洗、饿了么、京东到家等项目存活，并呈现出了很好的发展趋势。

那么，对于创业者和企业家来说，到底如何才能在O2O市场上打造一个成功的独角兽呢？在这里，我们将O2O独角兽的打造方法总结为四点。

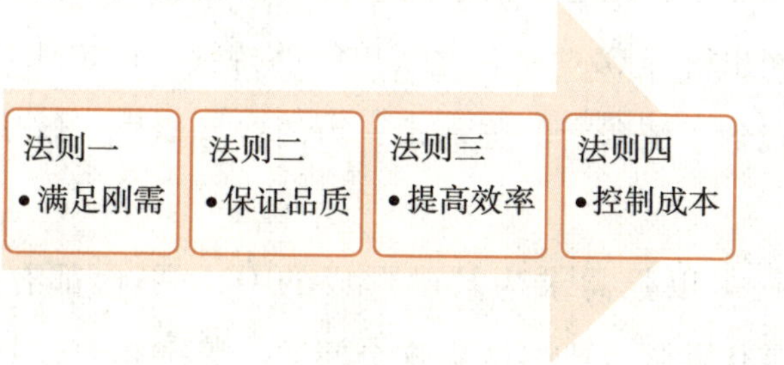

图9－1 打造O2O独角兽的四大法则

◆ 法则一：满足刚需

根据马克思的供求理论可知，有需求才有供给，需求是一切商业活动产生的动力。具体来说，我们可以将需求划分成三个层次，分别是伪需求、弱需求和强需求。

图9－2 需求的3个层次

伪需求指的是创业者和企业家想象出来的需求。初期的O2O或许就是在伪需求的基础上建立起来的，企业家和创业者仅凭想象创造出来一个市场，借助资本推动项目发展，并没有考虑该项目是否具有持续发展潜力，最终将项目引向了失败的结局。

弱需求指的是消费者眼中可有可无的需求，这种需求的地位十分尴尬，有也好，没有也行，消费者的生活不会因此受到影响。

强需求指的则是消费者必须的需求，能够帮助消费者解决消费痛点，并且使用频率较高。要打造行业独角兽，就要找到该行业内消费者的强需求，以这种需求为基础为消费者提供相应的服务。饿了么、滴滴出行等O2O平台之所以能够持续、稳定地发展，其关键原因就是找到了消费者的强需求，为消费者提供了解决消费痛点的服务。

但是很多以强需求为基础形成的O2O平台都有一个关键问题——可替代性强。要想解决这个问题，关键是要以技术为基础建立行业壁垒，依靠技术提升平台竞争力。而行业壁垒成功建立的关键则在于“品质”。

◆ 法则二：保证品质

随着人均可支配收入的增加，人们的消费观念和消费行为产生了很大的变化，购买产品、享受服务的时候将关注重点从价格转向了品质。

以火锅为例，在餐饮品类中，火锅是一种比较强的需求，且消费频率很高。在全国成百上千家火锅店中，“海底捞”独领风骚。其原因就在于，“海底捞”能为人们提供更加优质的服务，消费者在这里能获取独一无二的品质感。即使“海底捞”的人均消费水平在行业均价之上，也不乏在门前排队等待的消费者。

“海底捞”现象告诉我们，在新时代，消费者的消费升级了，他们愿意花高价购买高品质的产品和服务。该理论在O2O领域依然适用。O2O作为传统企业借助互联网转型发展的模型，其服务一定要居于传统企业之上。也就是说，传统产业借助O2O转型发展能否成功，其关键在于产品和服务的品质能否有效提升。

以e袋洗为例，该O2O平台能实现成功扩张的关键就在于坚守住了品质关。洗衣行业本身就是一个投诉率非常高的行业，整体客户投诉率为千分之五。e袋洗处于整个行业大背景下，相较于其他的行业来说，其投诉率也较高，但是与同行业的洗衣企业相比，其投诉率已经非常低了，仅为千分之一。

但是要打造行业独角兽，单有品质也是不易成功的，其原因在于，O2O的本质是一种商业模式，必须兼顾成本和效率，必须能实现盈利。

◆ 法则三：提高效率

为什么互联网企业和非互联网企业都在尝试借助O2O模式实现转型发展呢？一个很重要的原因是：O2O模式能帮助企业降低成本，提升运营效率。当然，这种降低成本、提升运营效率的模式不仅适用于需求端，也同样适用于供给端。O2O模式的这种作用在很多“技术活”“手工活”领域表现得非常明显。

依然以e袋洗为例。在传统的洗衣店中，从洗衣服到送衣服都要由店主一个人完成，整个过程不仅劳动量大，还非常容易出现衣物丢失、衣物清洗不符合标准等情况，使得顾客投诉率提升。e袋洗则有效地解决了这些问题，员工24小时上门取衣，消费者只需要将自己要清洗的衣物整理好，交由上门取衣的员工即可。待员工收走衣物之后，就进入了正常的洗衣流程。洗好的衣服再交由员工配送到用户家中，帮助消费者节省了送衣和取衣的时间，节约了时间成本。

从供应端方面来看，e 袋洗的工作模式打破了传统洗衣店店主亲力亲为的模式，专人专工、信息化操作，能有效提升工作效率，减少操作失误，降低顾客的投诉率，节省成本，实现可持续盈利。

另外，e 袋洗还整合了众包模式，通过邻居代取衣服、代送衣物等方法，不仅提升了效率，还增进了邻里关系，可谓是一举多得。

当然，凡事无绝对，并不是所有的行业利用 O2O 模式都能降低成本、提升效率。以美甲为例。一位美甲师每天工作 8 个小时，以平均每小时能服务一位客人为例，该美甲师一天能服务 8 位客人。但是如果采用 O2O 模式为顾客提供上门美甲服务，除去美甲需要的 1 小时之外，路上还需要 0.5 小时，这样该美甲师每天能服务的顾客数量就减少到了 5.3 位，效率不升反降。

都是上门服务，为什么 e 袋洗能够提升效率、降低成本，而美甲却不能呢？其原因在于，e 袋洗与传统行业紧紧绑定在一起，上门服务的目的是提升供应链效率，实际的工作流程还是会回到传统行业中来，美甲则不然。由此可见，e 袋洗这种商业模式才是正确的 O2O 模式，是能够实现健康发展的 O2O 模式。

◆ 法则四：控制成本

O2O 模式不被看好的一个重要原因就是成本太高。O2O 模式以满足人的需求为目的，但是人的需求是多样化的、无止境的，要想满足消费者所有的需求，企业需要付出非常高的成本代价，但并不是消费者的每一种需求都应该满足。

我们在前面说道，O2O 模式的本质是一种商业模式，必须依托于传统行业才能开展。在用户数量不断增加的情况下，O2O 平台不一定会出现边际成本递减的情况。

以上门洗车为例，在该 O2O 平台上，商家多服务一个客户就意味着商家要多购买一套设备，要多花费一笔费用请一个洗车师傅。同时，洗车师傅为顾客提供上门服务的时间是有限的，仅仅依靠低价或者补贴是很难实现可持续发展的，最终不仅边际成本没有减少，其运营成本还会随着顾客的增加而增加。

事实上，依靠低价和补贴维持平台运营的本质就是“烧钱”，钱烧得越多，用户就越多，运营成本就越高，当运营成本增长到企业无力承受时，该项目就只能宣告破产。当然，还有另外一种情况，就是依靠补贴来维持平台运营，当补贴结束，平台维持运营所耗费的高额成本必须由顾客埋单，如果顾客拒绝为之埋单，平台就难以获取收益，最终也只能宣告破产。因此，O2O 平台在为人们提供服务时，不能仅仅以满足顾客需求为目标，还要兼顾成本，考虑变现的可能性。

综合这么多因素，我们可以得出一个 O2O 平台降低运营成本的方法，就是将横向铺开转变为集中化生产。

总而言之，行业借助 O2O 实现转型发展，成功打造独角兽的关键在于是否能回归商业本质——产品和服务。事实上，O2O 只是一个互联网工具而已，不是所有的行业、企业只要和 O2O 扯上关系就能一飞冲天，行业或者企业只能借助 O2O 实现转型、升级。转型、升级成功的关键在于塑造优质的产品和服务，资本和营销仅仅是催化剂，行业 O2O 独角兽的打造尤其要谨记这一点。

【案例】大众点评：2.0 时代的重度垂直战略

随着移动互联网的深度发展普及，O2O 运作突破了以团购为核心的营销和导流模式，产品形态走向多元化；线上平台不再简单地以价格折扣吸引流量、促成交易，而是通过重度垂直战略，对信息、交易、服务等全流程进行深度布局，打造 O2O 垂直生态系统，为用户创造更大的价值。

◆ 成立丽人事业部，深化垂直战略布局

在百度、阿里等互联网巨头加快 O2O 服务垂直生态布局后，国内领先的本地消费服务平台大众点评也在2015 年7 月22 日正式成立了丽人事业部，以深化丽人行业垂直战略布局，有效应对 O2O 2.0 时代的新挑战。

丽人事业部是在大众点评 2010 年成立的丽人频道的基础上建立的。后者通过在美容、美发、美甲、瘦身等 13 个细分领域的多年深耕，获得了上亿名具有消费能力的白领女性用户的认可和青睐，业务范围囊括 100 多个城市的 40 万家商户。

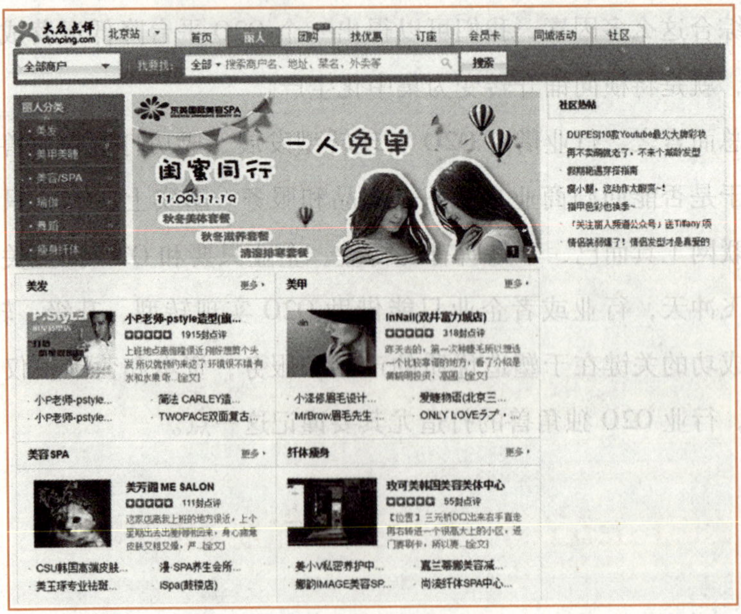

图 9-3　大众点评丽人频道

据艾瑞咨询的相关数据显示，随着都市群体消费方向和消费习惯的转型升级，丽人服务产业将拥有更加广阔的发展空间：每年的市场规模超过 4000 亿元，拥有百万级规模的商户和过千万的相关技师。

基于丽人行业巨大的市场空间，丽人事业部以“开创美丽新世界”为导向，计划在未来 5 年内，以大众点评的平台生态系统为依托，为用户打造业内领先的优质生活消费服务平台，驱动丽人行业 50% 的营业额，完善在该领域的重度垂直布局。

大众点评在丽人行业拥有如此“底气”的原因，在于其能够为消费者和商户提供三个方面的优势服务：

一是提供包括商户信息、用户点评、技师信息等在内的多层次直观信息，从而帮助用户做出更加准确合理的决策；二是通过多元便捷的优惠形式，在为消费者提供更多实惠的同时，还能有效降低商户获取客户的成本；三是根据用户消费特质和需求痛点帮助商家优化业务流程，提高服务质量、运营效率和营销精准性，实现丽人服务领域供需两端的高效精准对接。

另外，丽人事业部还以从业人员、商家和用户三者关系为核心构建垂直生态系统，实现丽人行业的良性持续发展。例如，为从业人员提供培训机会和平台，推进技师资质认证制度，以提升行业整体的服务质量；在上游供应链环节为商家提供增值、融资等多种服务，打通商户端的服务闭环，从供给侧带动整体产业的优化升级。

大众点评以互联网开放共享的精神布局垂直生态，当前已吸引了包括河狸家、嘟嘟美甲在内的众多知名商家进驻。同时，对于更多注重生活品质和决策诉求强烈的细分行业，大众点评也将借鉴丽人事业部的形式，积极拓展在这些 O2O 生活服务领域的垂直化生态布局。

◆ 高频带入低频，深耕垂直生态

其实早在2014年，大众点评就在酒店、电影、婚恋等垂直行业成立了事业部。因此，丽人行业并非大众点评垂直化战略的出发地，而是其在O2O领域全面推行重度垂直战略、深耕垂直生态的必然结果。

从当前已布局的O2O细分领域来看，大众点评选择深耕的垂直行业大致遵循两个原则：一是该领域注重生活品质，用户有强烈的信息决策诉求；二是重度垂直战略布局从高频到低频逐步纳入更多垂直细分行业，以便使平台的导流功能得到最大程度的发挥。

近两年在移动互联网的迅猛发展和推动下，O2O领域已从围绕团购进行营销和导流的1.0时代，迈入全新的2.0时代：O2O导流模式升级、细分领域深化发展、线下商户自主性提升。

与1.0时代损害线下商业的团购形态不同，2.0时代的O2O模式在线上线下深度融合的基础上，更加注重线上平台为线下商业创造增量价值，注重挖掘培育线下商业和服务的优化创新能力，以便打通商户端的服务闭环、带动产业整体的转型升级。

大众点评从高频到低频针对垂直行业的生态布局，与2.0时代O2O领域的发展诉求相契合：以O2O餐饮行业多年的经验为依托，逐步深耕更多与品质生活相关的垂直领域，帮助商家提升运营效率和服务质量，并以此带动整体垂直产业的转型升级，从而让用户享受到更为高效优质的O2O闭环消费体验。

在餐饮O2O行业，大众点评在2.0时代突破了单一的团购营销和导流模式：在用户方面，服务内容从信息决策和折扣优惠，逐步覆盖到预订、排队、点餐、支付等餐饮消费体验的每一个节点，从而为用户提供了餐饮消费的全流程优质体验；在商家方面，不再只是将流量从线上导入线下，还为商户提供包括开店选址、ERP（Enterprise Resource Planning，企业资源计划）、食材、金融等在内的全产业链服务。

当前，O2O 的主流行业正从餐饮、外卖等高频领域延伸到美容、婚嫁、家装等低频、决策需求强烈、客单价高的领域。这些垂直行业有着十分广阔的发展前景，很多领域的市场规模达到了千亿甚至是万亿的级别。

同时，这些垂直行业十分注重信息决策和品质生活，因此也需要像餐饮 O2O 一样，对信息、交易和服务全流程进行垂直化生态布局：一方面通过多维信息服务，解决消费中信息不透明、使用不便捷、不能按服务质量付费等用户痛点，优化用户的全流程消费体验；另一方面，通过多种方式提升商家的运营效率和服务质量，为商家提供更多的增值服务。

在 O2O 2.0 时代，线上平台要对垂直行业进行深耕布局，还必须深刻理解不同细分行业的差异化特质。例如，大众点评以“生态做大、平台做强、总部做小”的思想进行重度垂直战略布局：公司总部将会越来越小，主要负责管理平台层级；垂直事业部具有充分的自主权，负责各个垂直行业的具体业务，以实现对垂直领域的深耕布局，提升平台影响力。

通过开放性的平台生态策略，大众点评将从一家公司转变为包含众多 O2O 垂直细分行业的生态系统，各个垂直业务既可以成立独立的子公司，也可以通过合资或合作的方式进行运作，以便为商家和用户创造更多价值，实现精准、高效、完善的服务对接。

第10章 金融独角兽：

互联网金融创业的新玩法

互联网金融创业的“价值窗口”

2016年的互联网金融市场继续展现出强劲的发展态势，不仅早期的P2P网贷、第三方支付、数字货币等继续深化发展，最近涌现出的互联网金融理财、征信、消费、众筹等也快速崛起，成为互联网金融领域的新热点。

研究指出，当前我国互联网金融市场规模接近百万亿元，互联网金融创业在网贷、理财、消费等各个垂直方向全面开花，整体产业链也在快速发展中越来越清晰、明确。

◆ 互联网金融的新拓展领域

互联网金融的全面深化发展使其具有了强大的场景嫁接能力，在零售、社交、游戏、农业、能源、股市等各个垂直细分领域中，原先基于线下或传统线上的金融服务都能够借助“互联网+”爆发出新的创新点和需求点，成为互联网金融的新拓展领域。

从发展阶段来看，不同场景下互联网金融创业的发展态势有所差异。其中，由于个体和企业都希望借助互联网金融实现财富增值和资金消化，因此整体来看，理财端、资产端等互联网金融产业价值链的前端部分发展更为迅猛，成为互联网金融创业和布局的主要方向。

同时，随着互联网金融产业链逐渐清晰，资源和力量将更多地聚焦于有价值的节点。因此，对互联网金融创业者来说，要想在这百万亿级别的市场中分一杯羹，甚至成长为“金融独角兽”，就需要对整体竞争格局和自身有着清晰明确的定位，从垂直细分市场切入，积极参与到大平台、大企业的互联网金融生态体系中，借助整体生态的力量弥补不足，迅速打造自身的亮点特色，构建核心竞争优势。

◆ 深耕垂直市场，构建独特优势

在初创期，互联网金融创业企业首先要做的不是盲目奔跑，而是精准定位发展方向；在尚未具有较强的风险把控能力时，不应追求“做大做全”，而要将资源精力集中在具有更强“吸金”能力的价值链前端，着重发力布局支付、理财或资金转化等垂直细分方向，通过对垂直市场的深耕挖掘构建独特优势。

同时，互联网金融企业还要学会“借力”，积极参与到产业链生态系统中，借助产业链中的专业力量化解资金、技术、营销、管理等方面的困局，实现自身的快速成长成熟。

当前一些迅速崛起的互联网金融“独角兽”已充分证明了这一点：无论是深耕理财端的“悟空理财”，还是集中布局资产端的“蜡笔分期”“叮当钱包”，都是通过对互联网金融价值链前端细分领域的深度挖掘构建了自身的产品和服务特色，并充分借助国内领先的移动互联网金融服务平台玖富的资源和力量解决运作过程中技术、管理、营销等方面的问题，从而最大限度地集中资源精力将产品和服务做到极致，实现快速发展。

◆ 精准把握市场痛点，满足用户深度需求

理财端是互联网金融的常见入口，也是当前大众对互联网金融产品和服务的主要诉求之一。移动理财已成为互联网金融的发展热点，也是快速聚合 C 端用户的重要路径，如阿里平台的余额宝、余月宝等宝宝类产品以及微信平台的理财通等。

在互联网金融成为巨头布局重点的情况下，创业企业要想成功切入市场并站稳脚跟，在理财端快速聚拢用户，就需要精准把握市场痛点，通过创新性的产品和服务更好地满足用户个性化的深度需求。

例如，“悟空理财”就是针对互联网金融理财市场中“流动性与高收益之间的矛盾”而诞生的一种创新性金融服务，通过在小额快速理财方面的深耕布局打造了自身的独特优势：与余额宝等货币类基金产品相比，“悟空理财”为用户提供的是优质小微债券，不仅能够随用随取，而且比同类理财产品拥有更高的收益。

同时，“悟空理财”还充分借助了更具知名度和信誉度的互联网金融服务平台玖富的资源和支持，从而快速聚拢了大量 C 端用户，成为互联网金融理财端的明星产品。

◆ 打造高水平的资金吸纳与利用能力

从互联网金融整体产业链发展的角度来看，资产端是当前和未来发展的重要方向，在很大程度上影响着各个平台在未来互联网金融市场中的地位。当然，互联网金融服务平台要想增强资产端能力，使自身成为整个金融产业链中的“输血者”，就必须具有高水平的资金吸纳与利用能力。

优质的资产端应该具备“磁铁”的性质，能够针对不同金融场景搭建有效的引流路径。例如，国内领先的P2P网贷平台玖富，开发出了针对大学生分期借款的“蜡笔分期”以及为年轻人提供快捷信贷服务的“叮当钱包”。借助这些针对特定用户群体的产品和服务，玖富快速搭建了资产端的价值闭环，并成功聚合起大量的粉丝用户。

另外，与理财端一样，初创期的互联网金融企业也应该学会积极借助平台的力量化解技术、风控等方面的难题，以集中更多的资源精力将自身的特色优势做到极致。

随着互联网金融的全面引爆和深化发展，整体产业链的构建与优化完善将成为下一阶段的发展重点，这为各个垂直细分方向上“独角兽”企业的出现和崛起提供了诸多机会。

对互联网金融创业企业而言，成长为“金融独角兽”的前提是深刻把握“趋势＋专注＋借力”三大关键因素：深耕垂直细分市场、凸显自身特色，通过前端价值快速聚合C端用户，努力提升自身的资产端能力，并积极参与到大企业、大平台打造的生态系统中，借助整体生态的力量实现自身的快速成长发展。

互联网金融新创公司的创新秘诀

经过几年的迅猛发展和积累沉淀，2016年国内的互联网金融产业开始迈入一个全新的发展阶段：整体产业链越发清晰，市场并购重组不断加速，大量中小型互联网金融创业平台或被淘汰或被吞并，市场开始出现“寡头效应”。

我国互联网金融市场的巨大发展潜力吸引了众多参与者，当前主要包括三大类：阿里、腾讯、京东等互联网巨头，民生易贷、陆金所等国内国际资本力量，玖富、人人贷、积木盒子等互联网金融创新创业企业。

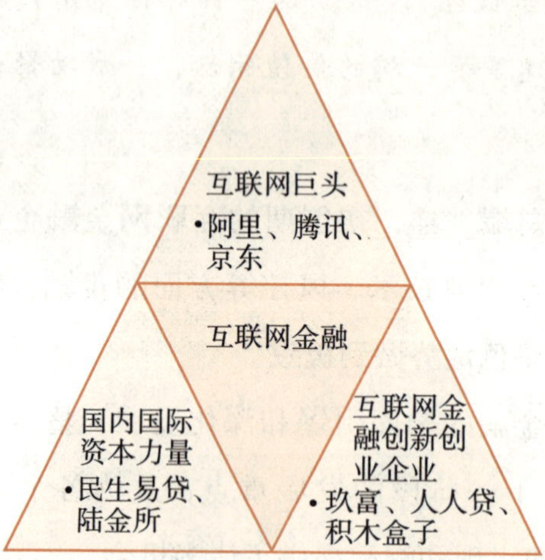

图 10－1　互联网金融领域的 3 类参与者

随着互联网金融整体产业链的成熟优化，未来几年在诸多价值环节都将出现数家几十亿美元甚至几百亿美元规模的“独角兽”公司。其中，以阿里、腾讯为代表的互联网巨头必然会在未来的“金融独角兽”中占有一席之地，背靠银行的陆金所、民生易贷等资本力量也有很大的机会，而众多互联网金融创业企业则面临着较大的变数和挑战。

在近几年互联网金融迅猛发展过程中，资本的大量涌入使很多互联网金融创业公司都获得了巨额融资，如积木盒子在 2015 年成功实现了 8400 万美元的融资，另外还有数家创业公司获得了千万元级别的投资。这些成功融资的互联网金融创业公司解决了初期发展的资金难题，得以继续留在市场，而那些没能获得融资的创业公司只能黯然退出。

不过，资本的支持只能在初期发展时“保驾护航”，互联网金融新创企业要想真正实现长远、健康发展，甚至成长为“金融独角兽”，关键还是要提升“内功”修为，在产品、组织、营销等多个层面培育持续创新能力，通过更好的产品、更优质的服务吸引和留存更多的用户，实现自身的可持续成长。

具体来看，互联网金融新创公司可以从以下三个方面发力提升自身的生存竞争能力：

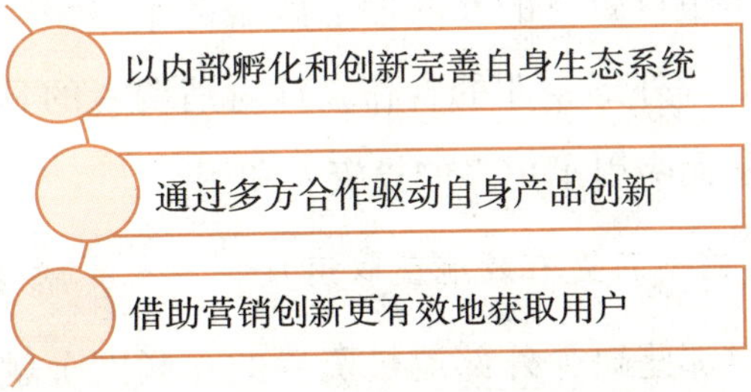

图10－2　互联网金融新创公司的发展路径

1）以内部孵化和创新完善自身生态系统

这一路径比较适合处于创业过程中的互联网金融企业，通过持续性的内部孵化和创新，打造覆盖丰富多元内容的开放平台生态系统，从而逐步优化完善自身在互联网金融产业链中的整体布局。例如，玖富平台就是借助这种内部孵化裂变创新的模式推出悟空理财、玖富钱包、叮当钱包、闪银等多个备受追捧的互联网金融产品。

同时，对于互联网新创公司来说，内部孵化创新是一种最高效和经济的发展模式，能够让创业企业利用更少的资源和时间对接不同的互联网金融场景，实现对产业链各个垂直细分方向的全面布局，使自身成为一个极具开放性、包容性的互联网金融生态平台。

玖富积极为互联网金融创业者提供各种便捷服务，在全国几大城市举办互联网金融创业大赛，其目的也在于此，即希望将更多的力量纳入到自身生态系统中，以不断完善互联网金融产业链的布局。

2）通过多方合作驱动自身产品创新

这一模式被传统金融机构和互联网金融创业公司普遍使用，也是当前国内互联网金融平台产品创新的主流路径，主要是通过与各大传统产业或实体企业的合作，基于垂直细分场景为消费者提供专门的金融产品和服务。

例如，民生银行旗下的互联网金融服务平台民生易贷，就通过与房地产、电商等外部企业的合作，针对消费者的具有使用场景进行产品创新，从而吸引了更多的投资者和用户。

3）借助营销创新更有效地获取用户

这一模式对那些缺少外部流量资源的互联网金融创业公司比较适用。在前两年市场竞争十分激烈的时期，各互联网金融公司在百度等搜索推广平台投入了巨额的广告营销费用，不过这种获取用户的方式不仅低效而且成本较高。基于此，一些互联网金融平台开始将创新点集中到营销层面，希望借助营销模式方面的创新更有效地获取用户，实现出奇制胜。

整体来看，我国互联网金融行业已进入加速重组和成熟的阶段，行业格局和产业链将越来越明确清晰。从各方参与者来看，阿里、腾讯等互联网巨头由于自身具备坚实的用户基础和资本实力，相对而言比较安全；人人贷等互联网金融创业企业虽然获得了资本助力，但若想在日益激烈的互联网金融市场竞争中实现长久发展，甚至成长为“金融独角兽”，则还需要在产品、组织、营销、管理等各个方面的持续创新上着重发力，以吸引和留存更多的用户。

互联网金融独角兽如何精准估值

在艾瑞咨询2016年7月发布的《2016年中国独角兽企业TOP 300估值榜》中，互联网金融企业的数量达44家，且榜单前十中近一半是互联网金融企业，平均估值为58亿元，总估值超过2900亿元。

在对企业进行估值时，一般主要看市盈率、市净率、市销率、市现率等，这些指标分别反映的是企业的净利润、净资产、销售收入和现金流。不同行业中的企业估值对这些指标的偏重有所不同。

从互联网金融领域来看，其本质仍是金融，因此市场估值时侧重的是企业的成长性，即能够体现企业盈利能力和成长能力的市盈率和市现率。对互联网金融企业的估值与近3年的平均利润承诺比率大约为10倍到14倍。

总体而言，资本市场在对互联网金融企业进行估值时，主要看重以下三个价值：

★ 明确的、可预期的收入和利润，在多数企业尚未盈利的情况下，已盈利的企业便具有了先发优势。

★ 业务多元且主营业务收益占比高，当前互联网金融监管政策和盈利模式皆不确定，因此单一业务模式很难受到资本青睐，相反，综合性平台则具有更强的风险抵抗能力。

★ 精准定位目标受众，除了用户规模这一标准，资本更看重的是用户的精准程度。

从当前来看，随着政府对互联网金融行业监管力度的不断加大，互联网金融企业的发展也受到了一定影响。在政策风险不断增大的情况下，那些具有资产优势和国资背景的互联网金融企业更容易在正常估值之外获得“附加价值”，这既是互联网金融相较于传统金融的最大优势，也是最能吸引资本方的地方。

◆ 互联网经济领域估值方向的变化

对企业精准估值，首先要看的指标就是市盈率，一个具有长久生命力的企业必然能够平衡好高增长性、稳定性和可预期性之间的关系；同时，由于互联网金融企业的发展受政策影响较大，因此在对企业估值时还要综合评价金融服务平台的市盈率增长比例（PEG），在平台利润和利润增长之间找到平衡。

金融产业与资本联系密切，因此长期来看，市净率（P/B ratio）对互联网金融企业的估值影响将越来越大。市净率对估值的影响与平台中信贷业务的占比有很大的关系，如果企业主营信贷业务，则资产就是其市场估值中的重要考核指标。通过分析可以发现，ROE（净资产收益率）越高的企业，其资产估值也会有更高的溢价。不过，对具有多元业务的综合性金融平台来说，市盈率对估值的影响更大。

◆ 创业企业取得高估值的策略

对互联网金融企业的精准估值并非易事。特别是前两年互联网金融爆发的风口时期，很多互联网金融创新创业项目都是靠“概念”“故事”、预期收益等吸引投资者，甚至很多没有多少价值的项目也借助风口获得了融资，导致估值泡沫成为行业的一个普遍现象。

不过，随着资本市场趋于理性以及互联网金融行业逐步走向健康有序的发展轨道，行业泡沫正在加速破灭，一些“伪独角兽”企业也走向倒闭。未来互联网金融市场的强者将是那些具有坚实资金和资源支撑的企业。

对各类互联网金融企业而言，可以借助以下路径获得资本支持：

1）小微平台要通过对垂直细分领域的深耕布局，打造自身的核心优势和价值，以此获取资本的青睐。

2）中小平台可以通过股东或者业务关联方获得融资，当前很多知名互联网金融服务平台都是通过合作入股的方式获得了坚实的资本支持。

3）大型互联网金融企业一般自身就具有较强的资金实力，因此其关注的重点应放在未来上市上，积极获取构建金融生态系统的各种资源，并努力吸引有助于未来上市的强力股东。

【案例】蚂蚁金服："超级独角兽"的诞生

2016年4月26日，阿里集团旗下的蚂蚁金服完成了高达45亿美元的B轮融资，刷新了全球互联网领域单笔私募融资的最高纪录，这也表明蚂蚁金服所代表的中国互联网金融模式走到了世界领先水平。

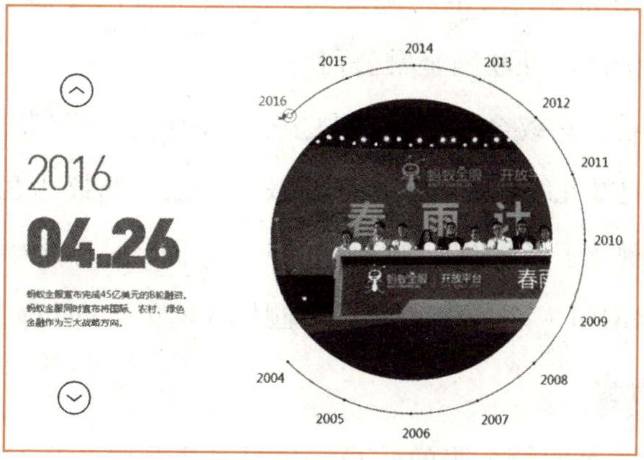

图10－3 蚂蚁金服的大致发展历程

经过此次融资，蚂蚁金服的市场估值达到600亿美元，而这一估值：

★ 与互联网三大巨头之一的百度市值相当（660 亿美元）。

★ 虽未上市，市值却已在国内 A 股上市公司中排到了第 11 位，仅次于工农中建交五大国有银行、中石油和中石化、最大股份制银行招商银行以及中国人寿和中国平安两大保险巨头。

★ 估值超过了浦发银行、民生银行、兴业银行等全国性股份制银行的市值，大约是全球第一大行工商银行市值的 25%。

下面将从业务、技术和风控、管理团队等多维角度分析蚂蚁金服是如何在不到两年的时间里，迅速成长为估值达 600 亿美元的独角兽公司的。

◆ 业务构成

2013 年，阿里巴巴宣布将以支付宝为主体打造服务于小微企业和个人消费者的小微金融服务集团；2014 年 10 月 16 日，蚂蚁金服正式上线，并围绕金融消费者的诉求对互联网金融业务进行了分类。凭借阿里集团和支付宝的强力支持，蚂蚁金服已发展为全球最大、业务覆盖最全面的互联网金融公司。

具体来看，蚂蚁金服包括支付宝、余额宝、招财宝、蚂蚁聚宝、网商银行、蚂蚁花呗、芝麻信用、蚂蚁金融云、蚂蚁达客等众多业务板块，基本触及了互联网金融领域的各个方面。形象地表示，蚂蚁金服 = Visa + PayPal + 富国银行 + 嘉信理财 + FICO + Lending Club。

1）支付宝

支付宝既是蚂蚁金服的前身，也是其当前最为核心的业务板块和引流渠道。数据显示，到 2016 年 3 月底，支付宝实名用户规模突破 4.5 亿，合作的金融机构达 200 多家，并为近千万家小微商户提供在线支付服务。当前，支付宝已超过 PayPal，在互联网支付领域位列全球第一。

图 10－4　支付宝

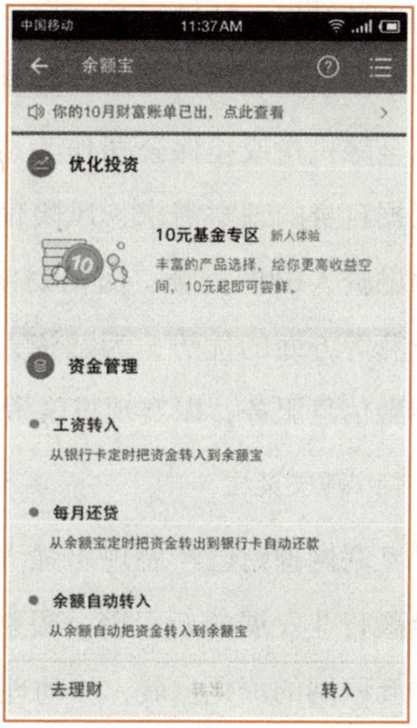

图 10－5　余额宝

2）余额宝

余额宝是蚂蚁金服当前最主要的理财产品。到 2015 年 12 月底，余额宝用户数量达到 2.6 亿，成为全球拥有最多客户的基金，其管理机构天弘基金（蚂蚁金服控股 51%）控制的资产额度超过 1 万亿元，是国内首个资产管理额超过万亿元的基金公司。定位于小额、随时理财的余额宝从上线之时就受到了市场的热切追捧，甚至在某种程度上推动了国内金融理财市场的创新变革。不过，随着我国利率市场化改革的深化、互联网金融市场的发展成熟，以及银行等传统金融机构的转型升级，作为一种货币基金的余额宝对投资者的吸引力已逐渐减弱。

3）招财宝

2014 年 4 月上线的招财宝，本质上是一个连接金融服务供需双方的市场借贷（Marketplace Lending）平台。

中小企业和个人可以在招财宝中发布符合平台要求的借款产品，并由金融机构或担保公司作为增信机构进行信任背书；投资人则可以根据自身的理财需求、风险偏好等，在招财宝中选择感兴趣的产品向融资人出借资金；而招财宝平台依托蚂蚁金服在金融大数据、云计算等方面的优势，为融资人、投资人、理财产品发布机构等提供金融信息服务，以实现投融资市场供需双方的高效精准对接。

4）蚂蚁聚宝

互联网理财已经展现出强大的生命力和广阔前景，正成为互联网金融行业发展的新引擎，吸引着越来越多的参与者。同时，随着移动互联网的深化发展，移动理财逐渐成为互联网理财的主流形态。

图 10－6　蚂蚁聚宝

移动理财平台蚂蚁聚宝顺应了互联网理财的移动化趋势，成为蚂蚁金服发展的重点业务内容。例如，蚂蚁金服计划将余额宝、招财宝、存金宝、淘宝理财等 PC 端的理财平台和产品，逐渐整合到蚂蚁聚宝平台中，以增强蚂蚁聚宝在日益激烈的互联网理财市场中的竞争能力，将其打造成蚂蚁金服的一个新业务增长点。

5）网商银行

网商银行是国内第一家在“云端”实现全流程金融服务的银行。基于阿里超强的大数据分析和云计算能力，网商银行在业务效率和成本方面都是传统金融服务机构难以企及的。例如，客户可以直接在线上申请贷款，系统将根据客户材料自动审批，审核通过后只需几秒钟就能够将款项发放给客户，而每笔贷款业务的运作成本也不足 2 元。

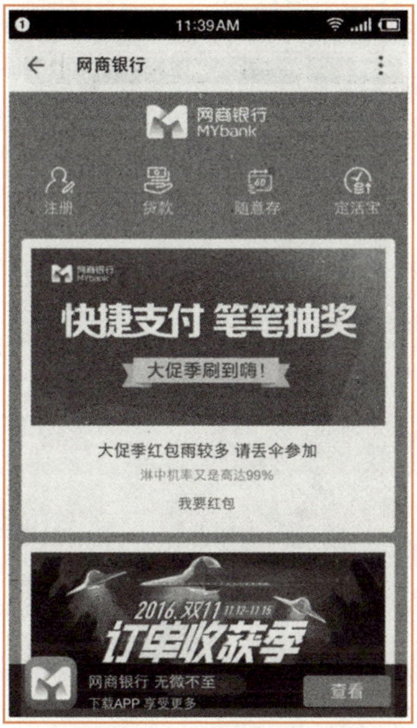

图 10－7　网商银行

成立于2015年6月的网商银行，前身是阿里小贷（后更名为蚂蚁小贷），后者在多年的发展中累计为260多万家小微企业和创业者提供了超过6000亿元的贷款支持。有了蚂蚁小贷提供的坚实基础，再加上阿里平台生态中海量的商户资源，网商银行实现了快速成长，已累计为超过80万家小微企业提供了450多亿元的贷款服务。

这一成绩远远超过了国内仅有的两家互联网银行的另一家——腾讯主导的微众银行。这家成立于2014年12月的互联网银行，2015年全年发放贷款200亿元左右，当前的市场估值约为55亿美元。

6）蚂蚁花呗

垂直细分的消费金融已逐渐成为国内互联网金融领域发展的重点方向，也与我国整体经济向消费内需驱动模式的转变相契合。因此，深耕互联网消费金融的蚂蚁花呗，已成为蚂蚁金服着力发展的重点业务。

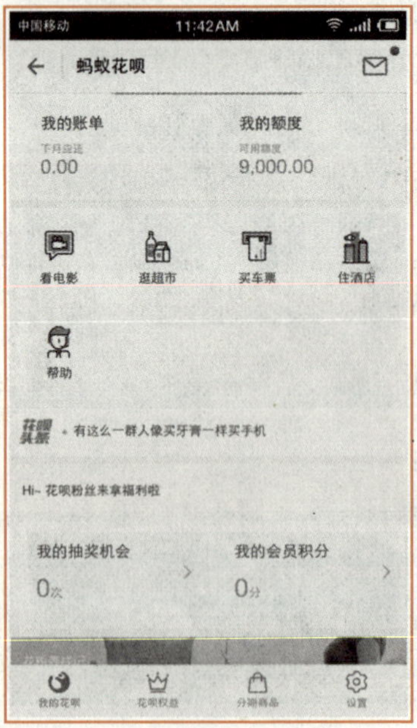

图10-8　蚂蚁花呗

同时，阿里平台生态中的流量、数据和诸多消费场景，也为蚂蚁花呗布局消费金融市场、实现快速成长提供了有力支撑。例如，2015 年“双十一”当天，蚂蚁花呗的交易规模为 6048 万笔，成功率高达 99.99%，平均每笔交易时间为 0.035 秒。

7）芝麻信用

随着国家对打造社会信用体系的重视，互联网征信将逐步开拓和培育出更广阔的市场空间，从而不仅为互联网金融和普惠金融的发展提供坚实的基础，还将被应用到更为广泛多元的生活场景之中。

图 10－9 芝麻信用

芝麻信用作为蚂蚁金服的互联网征信业务，除了传统征信数据，还涵盖了阿里平台的电商交易数据、蚂蚁金服的金融数据等多元信息，并借助机器学习等先进算法，在诸多生活和消费场景中发挥着越来越重要的作用。

当前，芝麻信用征信系统已被广泛应用于信用卡、消费金融、融资租赁、酒店、租房、出行、婚恋、公共事业服务等众多场景的信用评估中，为人们提供了3亿多次的信用查询和服务便利。

另外，中国人民银行2015年初发布的《关于做好个人征信业务准备工作的通知》中提到，包括芝麻信用在内的八家机构要做好个人征信业务工作，推动全社会信用体系的建设。可见，随着芝麻信用对更多场景的渗透，其在互联网征信领域的影响力也与日俱增，并将成为国内第一批获得民间个人征信机构牌照的机构之一。

8）蚂蚁金融云

蚂蚁金融云是依托阿里巴巴和蚂蚁金服在云计算方面的经验和技术优势，为金融机构提供云计算服务的开放性云平台，如帮助金融机构实现金融创新，推进金融机构的信息化、网络化转型升级，对金融行业需求进行定制研发等。

作为蚂蚁金服"互联网推进器计划"的重要部分，蚂蚁金服云将在打造安全稳健、成本低廉、敏捷创新的金融级应用方面发挥重要作用，并帮助金融机构不断优化提升客户的产品和服务体验。

凭借安全稳定的基础设施即服务（Infrastructure as a Service-IaaS），蚂蚁金服云能够在银行、证券、基金、保险、支付、信托、企业金融等众多金融应用场景中提供符合金融级安全要求的平台即服务（Platform as a Service-PaaS）和软件即服务（Software as a Service-SaaS），如大规模分布式计算、跨平台云资源管理、EB级大数据处理、移动互联网金融应用开发等。

9）蚂蚁达客

蚂蚁金服旗下的互联网股权投融资平台蚂蚁达客，与京东金融旗下的京东东家、平安集团旗下的前海众筹，是国内第一批试点的三家股权众筹平台。运用互联网思维和技术，蚂蚁达客一方面帮助小微企业和创新创业者实现股权融资，另一方面又为投资者提供股权投资的多元化解决方案，从而实现互联网股权投融资双方的高效精准对接。

蚂蚁达客已于2016年6月获得工商登记确认，成为上海首个获得工商登记确认的股权众筹平台，营业执照编号为“001”。

◆ 国际业务

蚂蚁金服的目光并没有局限在国内市场，而是将自身定位于全球性的互联网金融服务公司，在充分借鉴国内发展经验的基础上，通过战略投资与合作等多种形式积极布局全球金融服务市场。

当前蚂蚁金服的国际业务主要包括三大部分：

1）海外投资

2015年初，蚂蚁金服战略投资了印度最大的移动支付平台Paytm，随后又联合阿里巴巴进行了追投，占股达到40%。到2016年3月，Paytm平台的活跃用户数比2015年1月增长了近4.6倍，达到1.22亿，在全球电子支付领域的排名上升到第四位。

2）海外合作

2015年底，韩国政府批准了由韩国电信（Korea Telecom）、蚂蚁金服等20家股东发起设立的互联网银行K Bank，该行获准在韩国开展存贷款、信用卡、理财、外汇等所有银行业务。其中，蚂蚁金服是参与筹建股东中唯一一家中国公司，也是蚂蚁金服继战略投资印度的Paytm之后，在海外拓展的第二家金融机构。

3）中国游客海外支付业务

主要针对国民的海外旅游和消费场景，为用户提供方便快捷的支付体验。如境外扫码付、境外退税服务、境外交通卡、境外打车以及全球商户共享平台服务等。

◆ 农村业务

农村金融是一个尚未被充分挖掘、具有巨大发展潜力的蓝海市场，也是国家发展普惠金融、构建现代化金融服务体系的重点布局方向。因此，农村金融也是蚂蚁金服的重要业务内容，并与阿里在农村电商、农村物流等方面的布局相呼应。

2016 年 1 月，蚂蚁金服成立了专门的农村金融事业部。该部门一方面致力于为涉农金融业务提供优质的产品和服务解决方案，另一方面也将成为阿里电商、菜鸟物流等深耕农村市场的总接口。

农村金融事业部通过整合蚂蚁金服旗下的支付、理财、保险、融资、信用等各类互联网普惠金融服务，弥补银行等传统金融机构在农村地区的缺位，以满足农业生产、农民生活、农村发展对金融产品和服务的迫切诉求，并为农村淘宝、农村菜鸟物流网络的发展提供有力支持。

数据显示，到 2016 年 3 月底，蚂蚁金服在支付、保险和信贷三项业务中的农村用户规模分别达到 1.4 亿、1.2 亿和 2600 万。

◆ 技术和风控

发展互联网金融必然离不开技术和风控，这两方面虽不是具体的业务品牌，但却对相关机构的市场估值意义重大。例如，蚂蚁金服能被估值为 600 亿美元，除上述提到的各项业务的良性发展之外，其先进的互联网技术和风控水平也在其中起到了重要作用。

蚂蚁金服将自身定位为“一家由互联网技术和互联网精神驱动的数据公司”，超强的技术和风控能力为其各项金融业务的发展奠定了坚实基础。此次 B 轮融资的成功，将使蚂蚁金服拥有更为充足的资金用于金融级云计算技术、生物识别、深度学习、机器学习等新一轮技术的研发应用中。

整体来看，依托强大完善的底层安全风控系统，蚂蚁金服首先基于电商交易中介担保的角色开创了支付宝；在精准把握移动互联时代普通民众的理财诉求和传统理财服务痛点的基础上，推出了备受追捧的互联网理财产品余额宝；之后，借助阿里平台生态积累的大数据优势，进军个人征信领域，将自身打造成保险平台和云计算平台，从而实现保险等金融产品和服务供需两端的高效精准连接；最后还将眼光放到了全球，不断拓展和布局海外金融市场。

当前，蚂蚁金服的实时风险识别和管控能力达到了平均 100 毫秒；在公司的 6000 余名员工中，负责风险管理业务内容的数量超过了 1/4；同时，蚂蚁金服还拥有 2200 多台专门进行风险检测、分析和处理的服务器。

这些都最大限度地保障了蚂蚁金服在互联网金融领域的技术和风控能力，具体来看：

★ 借助蚂蚁金融云超强的云计算能力，支付宝大数据平台的数据存储水平达到了 EB 级，每天能够深度分析处理数百 PB 的海量数据信息；支付宝的实时支付处理峰值达到了每秒 8.59 万笔；在资损率方面，支付宝也站在了全球领先行列，达到了十万分之一以下的水平。

★ 网商银行基于阿里和蚂蚁金服的多维大数据信息进行更为精准全面的信用评估，实现了智能化风控，大大降低了业务运作成本，如每笔贷款的发放成本已不到 2 元钱。

★ 作为保险平台，蚂蚁金服凭借海量的大数据信息和超强的云计算能力，帮助保险产品根据客户具体情况进行更加精准的风险定价，容易出险的保费高，不易出险的保费低，从而既避免了欺诈投保，又使用户可以获得真正需要的保险产品。

★ 人工智能技术也被应用到支付宝客服系统中。智能机器人不仅可以自主回复用户的提问，甚至能够基于大数据信息猜测用户的问题；同时，人工智能系统还能够将用户的语音信息实时翻译成文字，从而将用户投诉这类“无用的信息”转化成能够用来分析用户需求的反馈信息，使金融机构更有针对性地优化相关产品和服务。

★ 机器智能服务在蚂蚁金服中的占比达到了94%；同时，人脸、眼纹识别等在世界范围内都具有领先优势的生物识别技术也被蚂蚁金服应用到了机器智能服务系统中。

◆ 管理团队

豪华强大的管理团队也是蚂蚁金服短时间内实现快速成长、获得市场普遍认可的重要原因。蚂蚁金服的管理团队包括两个部分：一是来自阿里巴巴集团，主要是原先运作支付宝等金融业务的人员；二是在传统金融机构中有着丰富管理经验的高层人员。

具体来看，蚂蚁金服管理团队的成员包括：

董事长兼首席执行官：彭蕾（“阿里十八罗汉”之一）

总裁：井贤栋（阿里巴巴原副总裁）

首席战略官：陈龙（长江商学院教授）

首席技术官：程立（支付宝原首席构架师）

支付事业群总裁：樊治铭（支付宝原副总裁）

财富事业群总经理：黄浩（中国建设银行电子银行部原总经理）

农村金融事业部总经理：袁雷鸣（阿里小微金融服务集团事业

部原总经理）

保险事业部总裁：尹铭（中国人寿财险公司原副总裁兼中国人寿电子商务公司原副总裁）

国际事业部总裁：彭翼捷（阿里小微金融服务集团原副总裁）

副总裁：Jason Lu（大安全副总裁）

网商银行行长、蚂蚁金服副总裁：俞胜法（杭州银行原行长）

芝麻信用总经理：胡滔（招商银行零售网络银行部原总经理）

随着互联网整体生态的成熟优化，我国的互联网公司已经度过了单纯模仿学习国际巨头的发展阶段；特别是蚂蚁金服45亿美元的融资和600亿美元的估值，更是表明了以其为代表的互联网金融中国模式已经走在了世界领先水平。

第11章 重度垂直：垂直细分领域的创业法则

互联网+内容：内容创业时代的来临

在2016年的创业领域中，“内容创业”是一个非常热门的分支，但是到目前为止却仍然没有出现一家独角兽公司，也就是说，这些初创企业中没有一家的估值能够超过10亿美元。而在同样是近年来较为火爆的共享经济等创业分支中，独角兽公司每隔三五年或是更短的时间就能出现一个甚至是多个。难道这一热门分支并不具备孕育独角兽公司的环境吗？如果环境允许，这一分支应该向哪些方向努力才能孕育出独角兽公司呢？

◆ 内容创业独角兽存在的潜力

首先，让我们先来对“内容创业”这一概念做一个了解。尽管这个概念看上去是近期内才火起来的一个新概念，但事实上却早已默默存在了多年，比如说前几年大行其道的运营商SP。时至今日，红火起来的这一概念已经加入了新的元素，不再单纯地依赖渠道，而是将内容打造成了产品与服务，以此来吸引并沉淀用户，进而演变出各种不同的商业模式。

开发“内容”这一产品，就如同开发以前的网站、移动终端应用等产品一样，不能只是生产，还需要对目标受众人群进行深入研究，了解他们的需求、考虑如何变现、制定运营策略等等。如此说来，为一个微信公众账号构思、写作文章，在社交平台拍摄小视频，这些应该都属于生产内容，将罗辑思维做成品牌的罗振宇、获得千万元投资的 papi 酱都是内容创业者。

那么，估值超过 10 亿美元的独角兽公司能够出现在这一创业领域吗?

如果说仅凭一人之力，那可以说几乎不可能，即便这个人是像 papi 酱这样领域内的佼佼者，也很难做到这一点。严格说来，以内容为产品的经济实际上就是在争夺受众的注意力，而这一点其实是和内容的质量与数量成正比的。然而，内容与其他产品有着很大的不同，因为它无法量产，毕竟无法以同一个标准来打造内容。内容的质量与数量取决于创作者的创作能力，所以在增长幅度上很难与其他新兴产业匹敌。

以 papi 酱为例，假设她每天生产一个视频，即便是从不间断，她一生能够做的视频数量也是有限的，而这有限的数量也是明摆着的，所以她所能产生的商业价值也就能够估算到了。然而，持续不断地生产视频也并非易事，大多做内容的创作者往往都是后继无力，最初生产的内容可能会让受众拍案叫绝，但后期却很难再生产出同等高度的内容。毕竟保持持续创作就已经很困难了，若还想保证高质量就更是难上加难了。

所以说，在这一创业领域里，一个人的力量是很渺小的，仅凭一个人或是几个人的力量，想要达到 10 亿美元估值几乎是不可能的。

那么如此说来，是不是独角兽公司就无法出现在这一创业领域呢？

答案很简单：不是！在国内互联网领域中最早的一批巨头里，新浪、搜狐、网易等三大门户网站从本质上来说就是以内容为主。此外，已经上市的汽车之家这样的细分垂直平台也是生产内容的。

但不可否认的是，这些平台之所以能够成长壮大，内容并不是唯一的因素，更多的是它们还有其他的产品与服务，并通过这些产品与服务与受众建立起了一种强关系，而这才是促使它们发展壮大的核心。在未来的发展中，这一创业领域中的核心一定会发生升级，将经营用户放在重中之重的位置上，使得内容向着产品化、服务化、平台化发展。届时，出现独角兽公司将不再困难，而这一点或将在不久的未来中出现。

◆ 内容创业独角兽可能出现的方向

既然是内容创业，那么内容自然非常重要，何为内容呢？我们可以从多种角度来了解，比如说从形态的角度来说，图片是内容、文字是内容、视频是内容、直播也是内容；从类别的角度来看，娱乐、时尚、科技、汽车、房产、金融、体育等都是内容。

进入2016年以来，直播与视频进一步地发挥了自己的能量，火爆程度非同一般。而变现方式较多的行业则是娱乐、汽车、房产、金融等。如此说来，这些领域内极有可能催生出独角兽公司。相比较而言，初创企业结合视频与娱乐进行创业，是目前较为合适的一种选择。

除此之外，初创企业若想在激烈的竞争中脱颖而出，选择正确的方向是非常重要的。如上文所说，内容会向着产品化、服务化、平台化发展，而这也正是许多初创团队选择的发展战略，努力尝试的不同方向。具体说来，主要有以下五个方向。

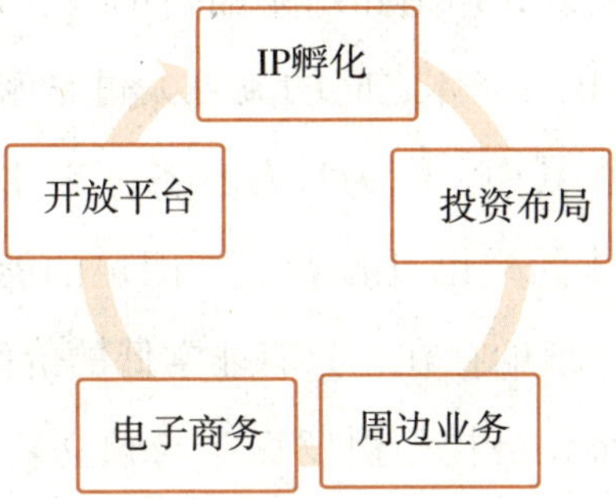

图 11－1　内容创业的 5 个发展方向

1）IP 孵化

近年来，IP 成为一个非常热门的词汇，那么究竟何为 IP 呢？这个词是来自于 Intellectual Property，指的是知识财产。创作者不懈奋斗的终极目标就是使自己创作的内容成为一种知识财产，演变出更多优质内容。

在这一点上，迪士尼可以说做得非常好，从最初的米老鼠与唐老鸭，到如今的大白、朱迪等，迪士尼已经拥有了上百位的明星形象，已然形成了一个完整的 IP 产业链。从这个例子中，我们可以得出一个结论，实现 IP 孵化依靠的是一个强大的内容孵化机制，只有这样才能够保证内容既有质量又有数量，且数量能大幅度地增长。

就目前而言，国内的大多数内容创作企业或团队还在这一方向之外徘徊，仅凭“单 IP”来打天下，比如说红得一塌糊涂的罗辑思维与获得了千万投资的 papi 酱主营依靠的都是个人。当然朝着这一方向前进的团队也有一部分，比如说暴走漫画团队就成功地打造出了王尼玛、张全蛋、大队长等 IP；而 Big 梦工厂旗下的解说、吐槽电影的视频节目 Big 笑工坊也以《西游记》中的人物为中心孵化出了大量 IP。

虽然前途是光明的，但道路却是曲折的，实现 IP 孵化自然是有着一定的难度。当 IP 与个体之间的关系太过紧密，那么就会有不确定性与风险性隐藏在其中，因为只有具备一定才能的个体才能够成为 IP，而这样的个体同样也具备着自立门户的能力，如此一来，孵化平台就成了鸡肋一般的存在，只有非常低的价值。

比如说罗辑思维，最初是由罗振宇与独立新媒创始人申音共同创建的一个项目，而当罗振宇与申音分道扬镳之后，罗辑思维与申音之间就没有任何关系了。那些必须依托孵化平台而存在与发展的虚拟 IP，才是孵化机构真正拥有的 IP，比如说影视作品与文学作品中的虚拟人物等。

2）投资布局

众所周知，罗辑思维最初只是一个读书类的节目，基本都是围绕着“知识”进行内容创作。当形成一定的气候之后，便开始将获得的部分融资以及营收拿出来进行投资，最为公众所熟知的当属 2016 年 3 月联合真格基金、光源资本和星图资本投资了号称“2016 年第一网红”的 papi 酱。此外，罗辑思维还投资了果壳网旗下的语音问答产品——分答。由此，我们可以看出，罗辑思维在进行投资的时候，将受众群体互补的团队作为首选。

同为内容创业者，有能力去投资其他团队的肯定是有着较多资金的，而这些资金一般有两种来源，一种是融资，一种则是自身有着强大的营收能力。内容创业者之所以要去投资其他创业团队，是因为他们想要更快地实现扩张，在创作能力以及目标受众群体方面互通有无。大多有足够实力的内容创业团队必定会选择这一方向，这一点与互联网的其他行业从本质上来说并没有什么不同。

3）周边业务

这一方向其实可以用另一个互联网名词来解释，那就是“社群”，通过“内容”来吸引用户、聚集而成的社群。内容创业团队深入了解这些用户的共同需求，并针对这一共同需求来提供相应的服务。

罗辑思维通过分享读书知识汇集了大批知识分子，之后便开始出售符合知识分子需求的商品，如图书、茶叶；网络军事类视频节目《军事次位面》汇集了大量的军事迷之后，便开始组织用户去体验战地文化或是提供相关的特色旅游服务；拥有庞大体育粉丝基础的 NBA 则向受众提供了游戏、音乐、综艺等周边服务……

4）电子商务

我们在前文中提过，以内容为产品的经济实际上就是在争夺受众的注意力，也就是说，内容经济实际上是注意力经济。移动互联网时代中的注意力其实就等同于传统互联网时代的流量，二者在变现方面非常一致，越是靠近交易环节，就越容易实现变现。如果仅仅把广告作为生财之道，那么就只能满足养家糊口的需求，想要做大、做强基本不可能。

在如今火爆的网红、自媒体等大军中，有识之士都已经在试图结合电商发展自身业务，努力跻身于商界。2016 年 1 月 19 日，罗振宇宣布“罗辑思维天猫旗舰店”正式上线，明确地给自己贴上了“商人”的标签；知名化妆师 MK 的微信公众账号有了百万粉丝之后，便将业务拓展到了电商领域，仅靠出售美妆产品，每月就有近千万元的营收；此外，跟 MK 是同行的国外美妆达人 Michelle Phan 也在电商之路上形成了自己的模式，且非常成功。这些人都在尝试着将内容与商品巧妙地结合在一起，并将之推送给受众。

当然，内容电商化能否成功取决于其所处行业的性质，像汽车、房产、金融这样的行业目前还不具备电商化的时机，美妆、母婴等快消品行业则较为容易实现内容电商化。而实现电商化的一个必经之路就是与用户形成强联系，如此一来用户才能产生信任感，激发购买欲望。

5）开放平台

当一个创业者在某个领域做大、做强之后，就会吸引很多同领域的创业者，内容领域也不例外。所以，一个内容创作者或创作团队形成一定的气候之后，就能吸引更多的创作者或创作团队，大家聚集到一起“玩”，这样就能够使得内容能够得到持续的生产，并且可以保证质量。而且，组成一个更大的集体之后声势就会更加浩大。

获得了千万元投资的 papi 酱于 2016 年 4 月 29 日推出了一个搞笑视频平台——papitube，为的是用其个人的影响力来聚集更多的个人创作者，这其实就是一个内容开放平台。然而，理想是丰满的，现实却很骨感，papatube 上线 2 个多月却仅有五期视频，尽管观看的人数并不少，但创作者却没有获得对应的名号。

身为内容创作者的 papi 酱的优势在于创作内容，而做搞笑视频平台却是将自己化身为渠道，上述情况之所以出现是因为这一渠道并没有多大的能量，所以也就很难再复制一个 papi 酱。前面所提到的罗振宇与申音分道扬镳的案例说明有着强组织关系的企业与个体 IP 之间的关系都不牢固，仅凭投稿模式能不能打造出第二个 papi 酱还真是一个未知数。

papi 酱的 papitube 虽然出师不利，但并不能说明这个方向走不通。其实，在这一方向已经做出成就的也有，那就是爱奇艺等一线视频网站以及较为知名的网络文学平台，它们就成功地孵化了大量的 IP。这样看来，单纯的内容创作者要想在这一方向上有所发展，基本上不太可能。

内容创业有了一定的成绩之后，基本上都会沿袭上述五个方向发展。若是只专注于内容的话，走前四个方向会更有把握，它们都是前文中提到的“持续生产内容很难保证质量与数量”这一难题的解决方案。照这个趋势发展的话，估值达到 10 亿美元的独角兽公司迟早都会出现。

互联网 + 停车：开启智慧停车新模式

长期以来，国内的停车领域一直存在以下几个方面的问题：供给无法满足需求，难以实现结构集中，缺乏统一管理，技术应用有限。在这种情况下，停车难、体验差、供给与需求之间难以有效匹配、停车管理投资消耗大等情况频繁发生。

近年来，互联网的渗透作用不断延伸至各个领域，无论是针对用户的社交平台，还是以商品运营为主导的电商领域都进入稳定发展阶段，移动互联网的迅速发展更是发挥了巨大的推动作用，用户只要利用手机等终端设备就能够上网，还可实现移动支付，传统实体产业通过与互联网的结合也迸发出生机与活力。

停车行业与互联网的结合，能够借助网络优势，将不同地区的停车场资源集中到一起，提高停车资源的利用率，减少因信息闭塞导致的资源闲置。近年来，随着共享经济的崛起、政府相关部门的支持，以及资本的推动作用，停车行业与互联网的结合发展十分迅速，多样化的停车 APP 不断推出，到 2016 年，国内的停车 APP 总数已达上百个。

由此可以看出，互联网停车行业确实蕴藏着发展潜力，目前我国互联网停车发展到什么程度？哪些方面体现出发展潜力，并且能够吸引投资者？

◆ 互联网停车领域的四类玩家

互联网停车领域的参与主体有四种类型：初创企业，智能停车设备商，市政交通管理部门，互联网巨头企业。其中，初创企业和智能停车设备商在现阶段为主导参与者，互联网巨头还未进行深度参与。

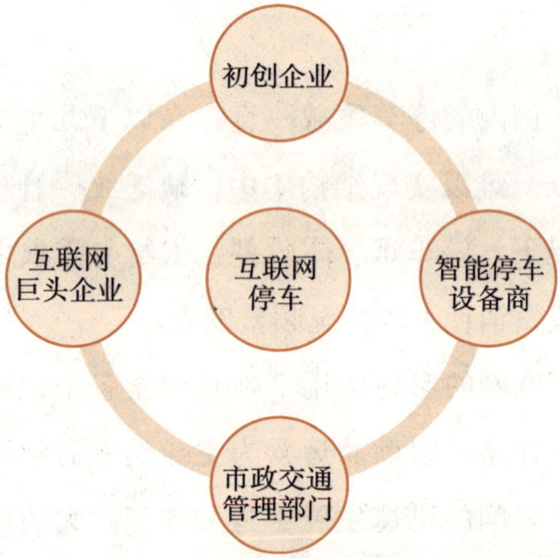

图 11－2　互联网停车领域的参与主体

1）初创企业

在意识到互联网停车领域的发展潜力之后，不少初创企业进军该领域，具有代表性的有：丁丁停车、e 代泊、停车百事通等。然而这类公司缺乏足够的资源支持，大部分采用的是轻资产运营模式。

2）智能停车设备商

随着“互联网+”的深度展开，传统模式下的智能停车软硬件提供商在原有基础上进行改革，不仅开发智能停车设备，还推出停车APP，并结合云平台的使用，建立起完整的服务体系，这类企业拥有领先的软、硬件技术，再加上长期以来积累的停车场客户资源，更具竞争力。代表性企业有捷停车、行呗、无忧停车等。

3）市政交通管理部门

路外公共停车场和路侧停车位都由交通管理部门管辖，停车资源丰富，如北京的交通管理部门所辖的停车位在总体中的比重超过16%，此外，交通管理部门还能够获得国家财政的支持，能够更好地优化资源配置，深圳市道路交通管理事务中心推出的“宜停车”是这方面的代表性应用。

4）互联网巨头企业

虽然腾讯与阿里在互联网打车行业展开了大规模攻势，但在互联网停车行业，互联网巨头企业并未进行深度参与。在该领域，腾讯通过微信公众号和支付功能相结合的方式开展运营；阿里则对立方控股进行投资，同时通过高德地图与支付宝展开运营；百度也利用百度地图，并结合百度钱包的支付功能和用户基础，与停车百事通达成合作关系。

◆ 互联网停车的五种模式

目前互联网停车主要有五种模式：车位信息共享、全流程优化、车位预定B2C、车位共享P2P和代客泊车。

1）车位信息共享

以轻资产为主，信息集成为中心，进场服务为入口，降低搜索

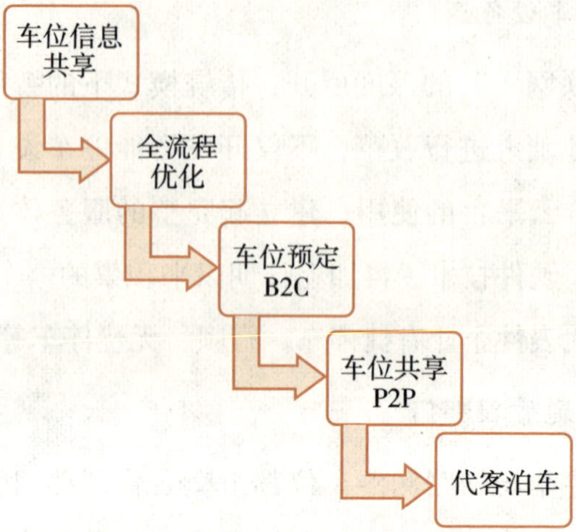

图 11－3　互联网停车的 5 种模式

成本。

轻资产是该模式的突出特点之一，一方面，充分发挥现有停车工具的作用，利用电子计时表、停车场发卡机以及智能停车管理系统，对停车场资源进行统一管理，显示空余车位信息，方便用户寻找停车位，利用 GPS 为用户提供停车场的位置信息，从而降低搜索成本，进行车位信息共享。

另一方面，对停车场的相关数据信息进行统计，如场地名称、地理位置、可容纳的车辆规模、开放时间、实景图片、具体收费信息等，还有一些停车应用软件可供用户查询停车场附近的服务商家，如汽车维修店、洗车店等。所有项目都围绕信息集成来开展，最重要的环节则是为用户提供大范围、有效的空余车位信息。

优势：因为具有轻资产的特点，能够在短时间内将该模式应用到更广的范围，且无须过多的资本投入。

弊端：依照现有条件，目前只能在小范围内做到有效显示车位信息；停车场对智能化技术的应用还停留在初级阶段，不同地方实施的标准各不相同，无法统一获取和管理；很多停车场拒绝提供信息，或提出收费要求。所以，部分停车应用软件在信息获取的基础上，采用数学方法对空余车位数量进行推算。从现阶段来说，大部分停车应用软件的数据统计都不够精确，其提供的空余车位信息也难以达到100%有效。

盈利方式：免费提供车位信息；通过进场服务连接到车位预定，今后，用户可能需要支付一定的费用；为其他相关汽车企业提供用户资源，由此挖掘商业价值；与地图服务和导航服务提供者合作，通过信息对接挖掘商业价值。

代表性应用：我国的停车百事通，美国停车应用Parkme。

2）全流程优化

重资产为主，重点进行设备安装，提供全方位服务，参与停车场的管理过程。

重资产是此类模式的突出特点，需安装智能停车设备并投入应用，将分散在各地的停车场接入统一的网络平台，允许用户通过智能终端查询空余车位，进行提前预订，显示停车场位置并可反向寻车，还能在线支付，形成完善的服务体系。其中，以空余车位查询、停车场导航以及在线支付问题的解决为重点，并进一步参与到停车场管理过程中，优化管理，进行智能化、自动化管理。在模式实施过程中，可充分利用丰富的线下资源，以统一标准的建立与大范围实行为中心，针对停车场资源展开竞争。

优势：采用重资产模式，在停车场的普遍应用，可在长期内发挥作用，并且能够收集到真实、有效的车位信息。

弊端：过于依赖线下建设与发展，要与各个停车场分别达成合作关系，就双方利益问题进行协商，在智能设备安装结束后，还要负责后续的维修、调制等，建设周期长，难以在短时间内取得成效，同时，必须进行大规模的线下推广。以无忧停车、ETCP为代表的许多公司为了加快线下建设，无偿为各地的停车场提供智能设备，因此，必须具备雄厚的资本实力。

盈利方式：不向车主用户收取服务费用；通过参与停车场的管理过程加速其运转，节省人力成本的支出，增加总体营收规模，可以从停车场获得的停车费中分享一定比例的收益；拓宽信息服务范畴，为相关汽车企业（如维修、洗车）提供流量，从中获得收益。

代表性应用：我国的宜停车、ETCP，美国智能停车服务企业Streetline。

3）采用B2C模式的车位预定

这种模式与“携程”有很多共同点，通过网络平台对停车场资源进行统一管理，方便车主预定车位。停车场管理人员把当下能够接受预定的车位信息上传到平台，用户登录平台进行搜索、预定车位。目前我国停车场对智能技术的应用还停留在初级阶段，因而该模式并未普及。

盈利方式：从预定服务费中获得相应回报。

代表性应用：英国的JustPark。

4）采用P2P模式的车位共享

采用这种模式的平台主要面向车主用户，在有停车资源与产生停车需求的用户之间进行信息对接，充分利用停车位，既能够满足车主的停车需求，也能够增加业主的收入。现阶段可分为两类：一类是轻资产模式，以美国的MonkeyParking与Sweetch为代表；还有一类通过物联网智能车位锁结合移动应用程序、智能地锁来实施，以悠悠泊车为典型代表。

弊端：社交过程中包含的变动性因素，可能影响到这种互联网停车模式的具体实施效果，没有充分考虑意外状况和守时问题，可能会降低用户体验，对哪些意外情况可以放宽要求也没有统一的标准设定。此外，除平台运营方与用户之外，该模式在实施过程中还需与停车管理公司、物业等各个方面进行协调，这对其大范围实施带来阻力。还有一个问题是，经常发生交易关系的用户可能会在私底下自己解决，而不是经过平台。

盈利方式：平台收取一定比例的服务费用，因为要与物业等其他机构打交道，以“丁丁停车”为代表的部分停车应用还拿出一定比例的费用给物业。

代表性应用：我国的丁丁停车与美国的 Monkey Parking。

5）代客泊车

主要通过代泊员来解决车主的停车问题，车主无须花费大量时间来寻找停车位，还能提高闲置停车位的利用率。

该模式实施过程中的阻力：车主将自己的车完全交由代泊员管理，直到车辆再回到自己手中，这期间难免会担忧车辆的安全和代泊员的可靠性，这也是该模式在推广中遇到的主要问题。

为了减少车主的担忧，可采取如下措施：通过摄像装备对车辆进行监控，供车主随时查看；停车结束，通过现场照片记录车辆的油表及里程表显示的数据，供用户提车时查看；购买代泊险。此外，还可使用 e 代泊推出的云柜车钥匙保管系统，防止代泊员私自使用车辆。

盈利方式：该模式的盈利方式非常明确，车主向代泊员支付服务费用，使用该服务的车主更看重时间的价值，通常不会在意价格水平。此外，相关的汽车商家也能够从中获益，代泊员除了提供停车服务，还可负责保养、维修等。

代表性应用：我国的“e代泊”，美国的ZIRX。

◆ 互联网停车行业的发展特点

1）互联网停车行业蕴藏着巨大发展潜力

除了经济发达的大城市外，如今的许多中小规模城市也开始面临停车难题。公安部交通管理局的统计结果显示，到2015年底，国内汽车保有量超过或达到百万辆以上的城市达40个，其中有11个城市的汽车保有量超过200万辆，未来，互联网停车行业会把这40个城市作为重点开发地区。

这些城市总体的汽车保有量达6000万辆以上，我们以这个数据为参考，假设平均每个车主在一年内需支付3000元的停车费用，那么，这40个城市的停车收费总体规模至少为1800亿元，以总体收费的1/10作为互联网停车行业的回报，那么，互联网停车行业的营收要超过180亿元，这还不算互联网停车的持续性发展带来的收入提升部分。

2）行业参与者众多且竞争异常激烈

要推动停车行业与互联网的融合，就要实现停车场的智能化管理，但是，国内大部分停车场还停留在传统模式下，因此，只有通过大规模的资金投入加强智能化建设，才能推动互联网停车的发展。

从现有的发展情况来看，率先得到应用的应该是全流程优化模式，与此同时，企业之间会展开激烈的竞争，在后续发展中会呈现出如下特点：既有覆盖范围较大的全国性企业，也有实施范围较小的区域性企业，各个企业都占据自己的一席之地，在竞争中谋求自身发展。

3）由互联巨头企业实现信息资源的集中与共享

分散之后便是集中，将所有停车资源和相关数据信息集中到一起的，最有可能的是流量入口平台与地图导航商。互联网与打车行业的结合是在用户与司机之间搭建信息渠道，互联网停车则要将停车场资源集中起来，然后满足用户的停车需求，在这个过程中，线下运营非常重要，而互联网巨头企业拥有足够的流量基础，相比于深度参与，这类企业更倾向于实现信息资源的集中与共享。

4）停车场资源的掌握及资本支撑是重点

对互联网停车而言，最重要的是占据停车场资源。相对于互联网打车行业，互联网停车更注重实体资源的把握，立足于车主用户的角度来分析，他们更倾向于选择那些覆盖更多停车场资源的移动应用软件；立足于停车 APP 的运营方角度来分析，通过对大量的停车场资源整合，能够在竞争中处于优势地位。

那些在激烈的市场竞争中取胜的企业，往往都具备雄厚的资本实力。因为在发展过程中，需要在用户行为引导、用户补贴、线下推广等各个环节进行投资，而且，部分企业为了深度渗透，无偿为停车场提供智能设备，更需要强大的资本作为支撑。为此，不少停车应用与互联网巨头企业达成合作关系，借助于巨头企业的流量基础、资源链接在竞争中获胜。

【案例】猎聘网：在线招聘领域的独角兽

在近年来快速兴起的诸多新兴互联网产业中，招聘行业一直都是社会各界关注的焦点。招聘行业不但有大量打造平台级应用产品和跨行业生态融合的发展机遇，而且完美地迎合了互联网时代以人为核心的本质。

人才是企业最为宝贵的资产，从农业时代到工业时代，再到信息时代，人才在其中发挥出了最为核心的作用。许多行业可能会随着科技的突破和市场环境的改变而被淘汰，但招聘行业却永远都不会过时，而且与之相关的各种全新的商业模式也层出不穷。在经过5年时间的发展后，猎聘网成功加入10亿美元俱乐部，成为国内首家在线招聘领域的独角兽。

◆ 成为国内招聘行业第一家独角兽

2016年6月，猎聘网宣布正式完成D轮融资，融资金额高达1亿美元，估值跃升至10亿美元。此次融资投资方主要包括经纬中国、天弘基金、千合资本、天时开元等。

猎聘网前三轮的融资都是由经纬中国领投，其中A轮、B轮融资由经纬中国独自出资，这一系列投资显示了经纬中国对猎聘网充足的信心。

经纬中国高管张颖曾表示："从猎聘网成立至今，我们对其创始人戴科彬唯一的不满就是其有些太过保守及稳重，当我们认为的C轮融资的7000万美元应该用两年时，他却用了三年的时间。当然，其在产品及商业模式方面花费了大量的精力，我们希望他能走得更快一些，如果发展速度够快，战略执行到位，未来猎聘网在融资方面永远不会出现问题。"

在大量创业公司集体死亡的年代里，猎聘网能够存活下来并成长为拥有7000多万名用户的互联网招聘巨头，向外界证明了猎聘网的强大发展潜力。走完D轮融资的猎聘网下一步可能会谋求上市，具体是在国内的新三板挂牌，还是要登陆大西洋彼岸的纽交所，都具有一定的可能性。猎聘网能够在激烈的市场竞争中脱颖而出，最为关键的就是其始终对中高端招聘这一细分领域保持着高度关注，不断对自身的产品及服务进行优化和完善。

◆ 拓展细分领域，打造招聘产业链的闭环生态

在几年的发展过程中，猎聘网围绕着中高端招聘这一核心定位，建立起了十分完善的招聘产业闭环生态。在国内市场发展壮大后，猎聘网并没有因此而满足，而是将目光放在了更为广阔的国际市场。2014 年猎聘网正式开启国际化之路，争取在市场环境更为复杂、竞争手段更为多元的国际舞台上寻找更大的发展机遇。

2015 年猎聘网通过推出多种产品和服务，来增强招聘产业链的广度及深度，例如，上线招聘 O2O 产品“面试快”，使中高端人才与有相应需求的企业进行匹配。2016 年，猎聘网又推出了“入职快”，争取让广大人才尽快进入自己需求的工作岗位。

为了更好地沉淀忠实用户和获取更多的数据，猎聘网上线了职场社交产品“猎聘同道”APP 应用；猎聘旗下的新媒体子公司“猎新传媒”在对猎聘网进行营销推广方面发挥出了巨大作用。

为了对接企业客户的社保和考勤需求，猎聘网于 2016 年上线了其互联网社保产品“乐班班”，帮助企业更加高效地管理员工的考勤签到、缴纳社保等；在校园招聘领域，猎聘网成立了专业的项目团队“校园联盟”，在更为细分的市场夺得市场先机。

对于诞生于移动互联网时代的企业而言，其对新技术的敏感程度要远高于那些传统企业。通过运用大数据、云计算等新一代信息技术，猎聘网将参与招聘行业价值创造的企业、猎头、优秀人才和职业经理人等实现高效对接，并为自身描绘出了清晰的目标用户和

企业级客户画像，通过制定出完善的人才招聘服务解决方案，使供需双方实现更为高效精准的匹配。

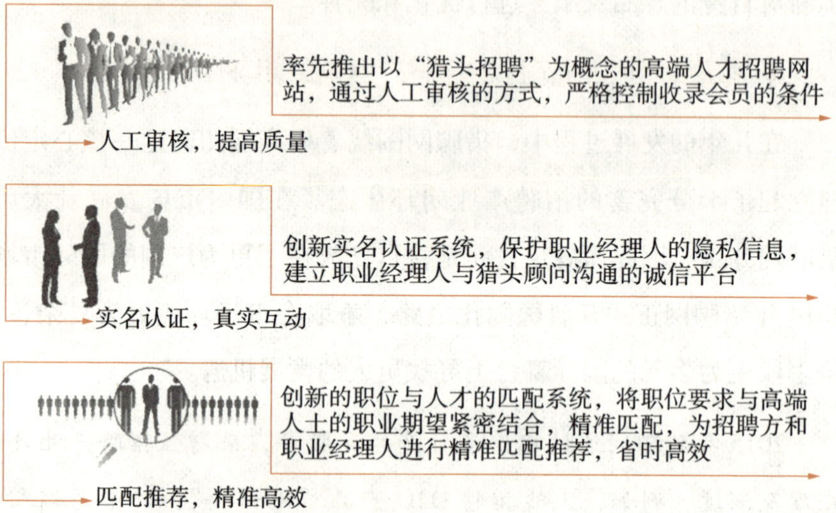

图 11－4　猎聘网的创新优势

从猎聘网的发展进程来看，其沿着中高端招聘这一主线，通过对产品和服务的创新来不断向更为细分的领域延伸拓展，从而抢占更多的细分市场。如果将招聘比喻成一条鱼，猎聘网则是将其各个部位分解开来，用各种烹饪方式做出针对不同群体的美味，让企业、猎头及求职者都能从中获取收益。猎聘网在保持各个细分市场独立运作的同时，又通过与中高端招聘主线串联起来，最终打造出覆盖整个招聘产业链的闭环生态。

◆ 招聘生态化成为行业未来发展趋势

对于互联网招聘在未来的发展前景，部分业内人士持有相对悲观的态度，他们认为该行业在经历一段快速发展阶段后会陷入长期的停滞期，因为当大型招聘平台形成后，其培养出的用户使用习惯将很难被改变，再加上招聘本身就不是一种刚性需求，用户对其依赖程度相对较低，整个招聘行业存在着难以逾越的发展瓶颈。

但悲观者忽略了互联网生态的发展趋势，确实对于个体而言，招聘是一个频次较低的短期需求，但由于其拥有的庞大的潜在目标群体，该领域反而拥有了打造入口级平台的巨大机遇。

当猎聘网成为入口级平台后，其可以向自身拥有的海量用户推出各种类型的衍生产品和增值服务，如入职培训、医疗保险、金融服务、职场社交、办公软硬件设备等，这些都是猎聘网未来可以深入探索的方向。此外，中高端人才的形成需要经过长时间的经验、知识和技能的积累。猎聘网可以通过为那些初入职场的用户提供各种增值服务，来助力他们成长为职场精英、企业高管甚至是企业家等。

能够将招聘产业发展成为一个持续输出价值的价值链，打造出一个服务精细化和为用户提供终生服务的产业生态，这不但将会成为未来招聘企业的主流发展趋势，更是招聘企业完成价值变现的关键所在。

正走在生态化道路上的猎聘网，虽然推进进程相对缓慢，但在其获得成功后必将会为其创造巨额的收益。招聘领域的潜在价值绝不仅是让人才与企业实现匹配，更为关键的是向参与招聘活动的企业、猎头和人才源源不断地提供各种衍生增值服务，从而获取海量的增量价值。